Impressum
Verlag: BABADADA GmbH, Nedderfeld 112 , 22529 Hamburg
Geschäftsführer / Verlagsleitung: Harald Hof
Druck: Books on Demand GmbH, In de Tarpen 42, 22848 Norderstedt

Imprint
Publisher: BABADADA GmbH, Nedderfeld 112 , 22529 Hamburg, Germany
Managing Director / Publishing direction: Harald Hof
Print: Books on Demand GmbH, In de Tarpen 42, 22848 Norderstedt

school
ໂຮງຮຽນ

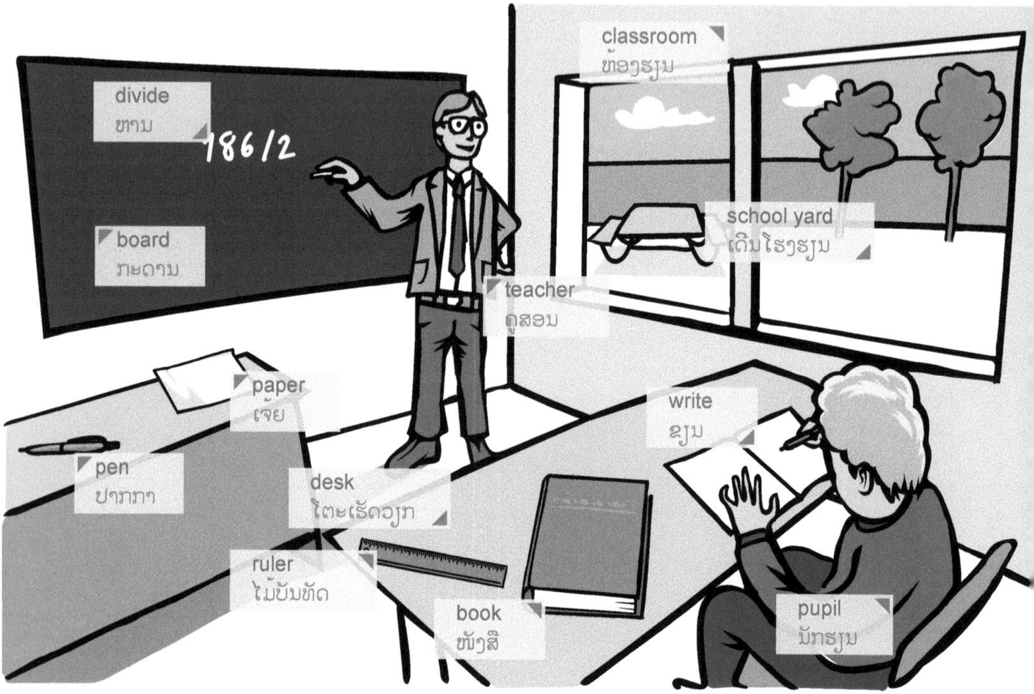
classroom
ຫ້ອງຮຽນ
divide
ຫານ
186/2
board
ກະດານ
teacher
ຄູສອນ
school yard
ເດີນໂຮງຮຽນ
paper
ເຈ້ຍ
write
ຂຽນ
pen
ປາກກາ
desk
ໂຕະເຮັດວຽກ
ruler
ໄມ້ບັນທັດ
book
ໜັງສື
pupil
ນັກຮຽນ

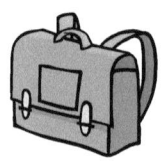

satchel
ກະເປົາໃສ່ປຶ້ມທີ່ມີສາຍພາຍ

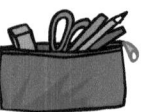

pencil case
ກັບສໍດຳ

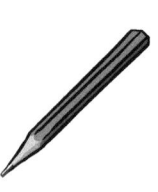

pencil
ສໍດຳ

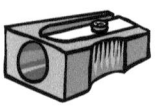

pencil sharpener
ເຄື່ອງແຫຼມສໍ

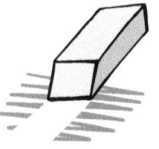

rubber
ຢາງລຶບ

drawing pad
ສະໝຸດແຕ້ມຮູບ

drawing

ພາບວາດ

paintbrush

ແປງທາສີ

paint box

ກ່ອງສີ

scissors

ມີດຕັດ

glue

ກາວ

exercise book

ປຶ້ມເຝິກຫັດ

homework

ວຽກບ້ານ

12

number

ຕົວເລກ

2+2

add

ບວກ

5-2

subtract

ລົບ

2✕2

multiply

ຄູນ

calculate

ຄິດໄລ່

A

letter

ຕົວອັກສອນ

ABCDEFG
HIJKLMN
OPQRSTU
VWXYZ

alphabet

ພະຍັນຊະນະ

hello

word

ຄໍາສັບ

text

ຂໍ້ຄວາມ

read

ອ່ານ

chalk

ສໍຂາວ

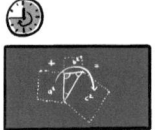

lesson

ບົດຮຽນ

register

ລົງທະບຽນ

examination

ການສອບເສັງ

certificate

ໃບຢັ້ງຢືນ

school uniform

ຊຸດນັກຮຽນ

education

ການສຶກສາ

encyclopedia

ປຶ້ມຮວບຮວມຄວາມຮູ້ສາລະພັດ

university

ມະຫາວິທະຍາໄລ

microscope

ກ້ອງຈຸລະທັດ

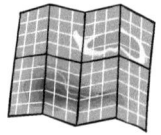

map

ແຜນທີ່

waste-paper basket

ກະຕ່າໃສ່ເສດເຈ້ຍ

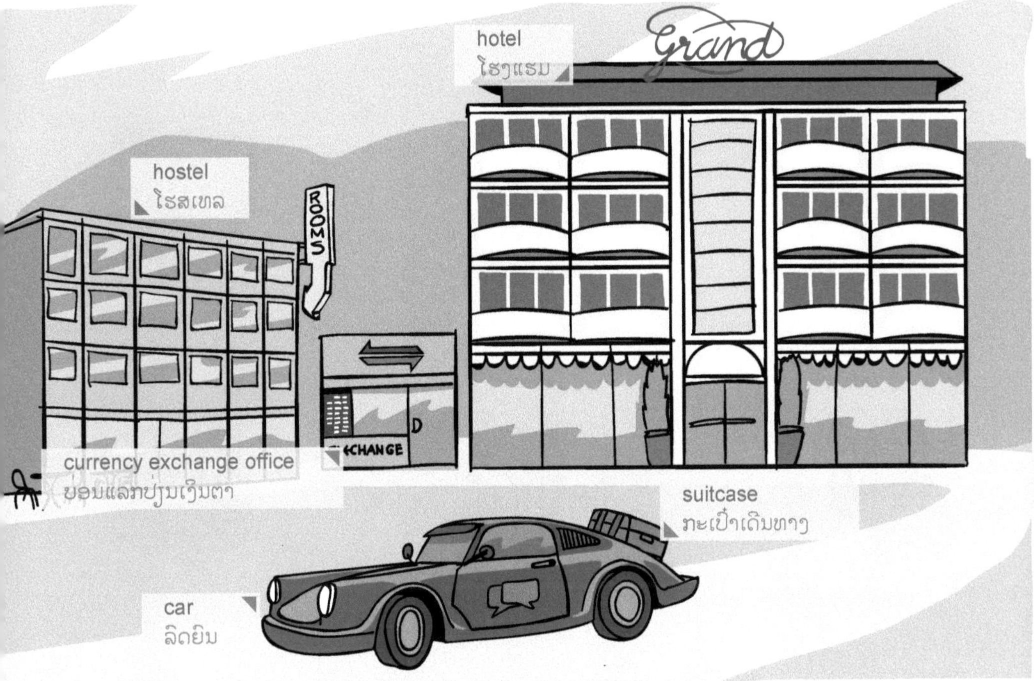

hotel
ໂຮງແຮມ
Grand
hostel
ໂຮສເທລ
ROOMS
EXCHANGE
currency exchange office
ບ່ອນແລກປ່ຽນເງິນຕາ
suitcase
ກະເປົ໋າເດີນທາງ
car
ລົດຍົນ

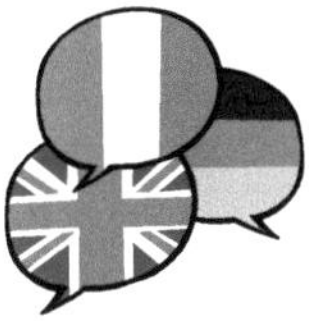

language
ພາສາ

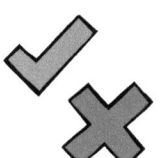

yes / no
ແມ່ນ / ບໍ່ແມ່ນ

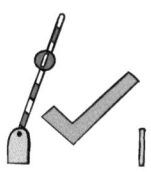

Okay
ຕົກລົງ

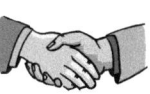

hello
ສະບາຍດີ

translator
ນັກແປພາສາ

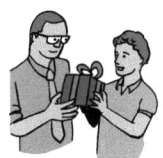

Thank you
ຂອບໃຈ

how much is...?

ລາຄາເທົ່າໃດ...?

I don´t get it

ຂ້ອຍບໍ່ເຂົ້າໃຈ

problem

ບັນຫາ

Good evening!

ສະບາຍດີຕອນແລງ!

Good morning!

ສະບາຍດີຕອນເຊົ້າ!

Good night!

ລາຕີສະຫວັດ

goodbye

ລາກ່ອນ

direction

ທິດທາງ

luggage

ກະເປົາເດີນທາງ

bag

ກະເປົາ

backpack

ກະເປົາພາຍຫຼັງ

guest

ແຂກ

room

ຫ້ອງ

sleeping bag

ຖົງໃສ່ເຄື່ອງນອນ

tent

ເຕັ້ນ

travel - ການທ່ອງທ່ຽວ

tourist information

ຂໍ້ມູນນັກທ່ອງທ່ຽວ

beach

ຊາຍຫາດ

credit card

ບິດເຄຣດິດ

breakfast

ອາຫານເຊົ້າ

lunch

ອາຫານທ່ຽງ

dinner

ອາຫານແລງ

Ticket

ປີ້

elevator

ລິຟ

stamp

ສະແຕມ

border

ພົມແດນ

customs

ພາສີ

embassy

ສະຖານທູດ

visa

ວີຊາ

passport

ໜັງສືຜ່ານແດນ

transport
ຂົນສົ່ງ

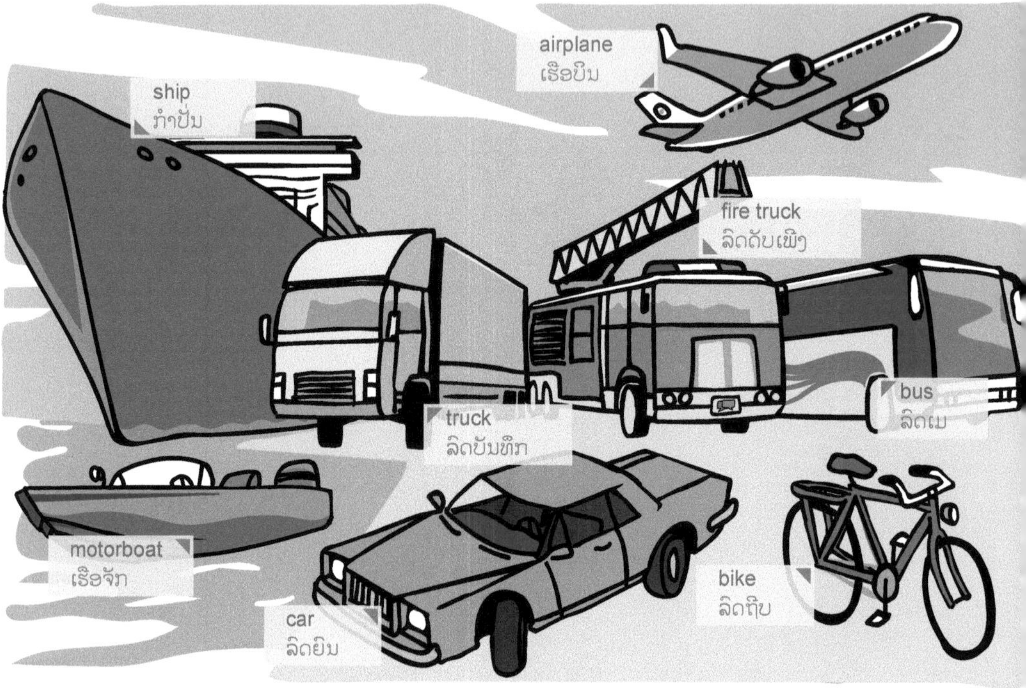
airplane
ເຮືອບິນ
ship
ກຳປັ່ນ
fire truck
ລົດດັບເພີງ
truck
ລົດບັນທຸກ
bus
ລົດເມ
motorboat
ເຮືອຈັກ
bike
ລົດຖີບ
car
ລົດຍົນ

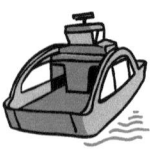

ferry

ເຮືອຂ້າມຟາກ

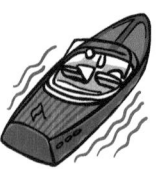

boat

ເຮືອ

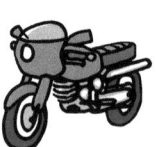

motorbike

ລົດຈັກ

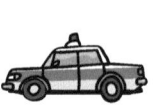

police car

ລົດຕຳຫຼວດ

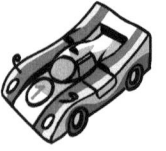

racing car

ລົດແຂ່ງ

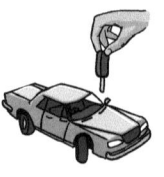

rental car

ລົດເຊົ່າ

car sharing

ການແບ່ງປັນກັນໃຊ້ລົດ

tow truck

ລົດລາກ

garbage truck

ລົດຂົນຂີ້ເຫຍື້ອ

engine

ເຄື່ອງຢົນ

fuel

ເຊື້ອໄຟ

fuel station

ປໍ້ນໍ້າມັນ

traffic sign

ປ້າຍຈາລະຈອນ

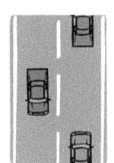

traffic

ການຈາລະຈອນ

traffic jam

ການຈາລະຈອນຕິດຂັດ

parking lot

ບ່ອນຈອດລົດ

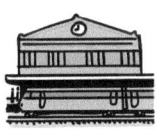

train station

ສະຖານີລົດໄຟ

tracks

ລາງລົດໄຟ

train

ລົດໄຟ

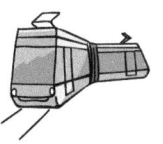

tram

ລົດລາງ

wagon

ຕູ້ລົດໄຟ

helicopter

ເຮລິຄອບເຕີ

airport

ສະໜາມບິນ

tower

ຫໍຄອຍ

passenger

ຜູ້ໂດຍສານ

container

ຕູ້ບັນຈຸສິນຄ້າ

carton

ກ່ອງເຈ້ຍ

cart

ກວຽນ

basket

ກະຕ່າ

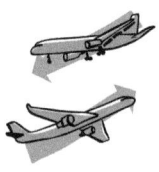

take off / land

ເຮືອບິນຂຶ້ນ / ເຮືອບິນລົງຈອດ

city

ເມືອງ

village

ບ້ານ

city center

ໃຈກາງເມືອງ

house

ເຮືອນ

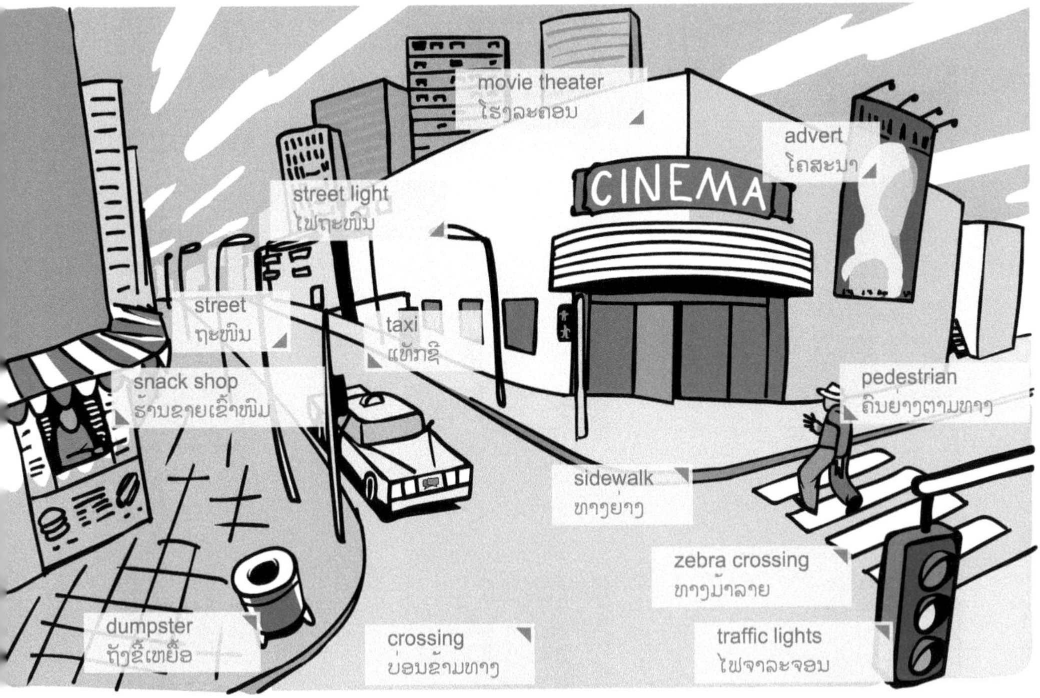
movie theater
ໂຮງລະຄອນ
advert
ໂຄສະນາ
CINEMA
street light
ໄຟຖະໜົນ
street
ຖະໜົນ
taxi
ແທັກຊີ
snack shop
ຮ້ານຂາຍເຂົ້າໜົມ
pedestrian
ຄົນຍ່າງຕາມທາງ
sidewalk
ທາງຍ່າງ
zebra crossing
ທາງມ້າລາຍ
dumpster
ຖັງຂີ້ເຫຍື້ອ
crossing
ບ່ອນຂ້າມທາງ
traffic lights
ໄຟຈາລະຈອນ

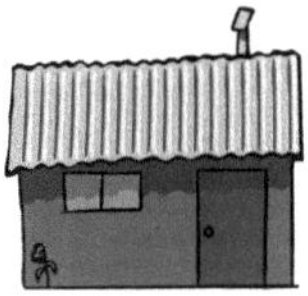

hut

ຕູບ

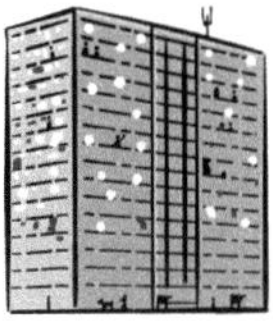

apartment

ແຟລດ

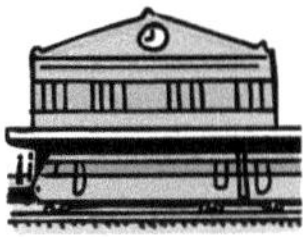

train station

ສະຖານີລົດໄຟ

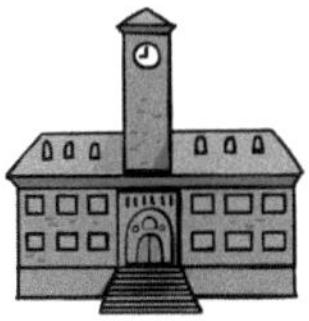

city hall

ໂຮງການເມືອງ

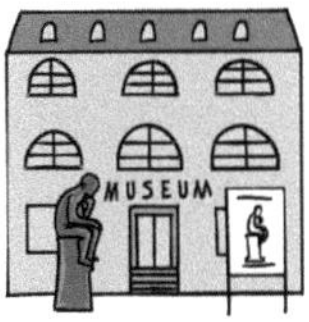
MUSEUM

museum

ຫໍພິພິດຕະພັນ

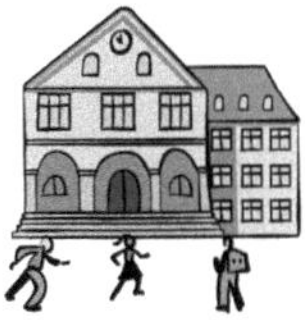

school

ໂຮງຮຽນ

university

ມະຫາວິທະຍາໄລ

bank

ທະນາຄານ

hospital

ໂຮງໝໍ

hotel

ໂຮງແຮມ

pharmacy

ຮ້ານຂາຍຢາ

office

ຫ້ອງການ

book shop

ຮ້ານຂາຍໜັງສື

shop

ຮ້ານຄ້າ

flower shop

ຮ້ານຂາຍດອກໄມ້

supermarket

ຊຸບເປີມາກເກັດ

market

ຕະຫຼາດ

department store

ຫ້າງສັບພະສິນຄ້າ

fishmonger's shop

ຮ້ານຂາຍປາ

mall

ສູນການຄ້າ

harbor

ທ່າເຮືອ

city - ເມືອງ

park

ສວນສາທາລະນະ

bench

ແປ້ນມ້າ

bridge

ຂົວ

stairs

ຂັ້ນໄດ

subway

ລົດໄຟໃຕ້ດິນ

tunnel

ອຸໂມງ

bus stop

ປ້າຍລົດເມ

bar

ຮ້ານຂາຍເຫຼົ້າ

restaurant

ຮ້ານອາຫານ

postbox

ຕູ້ໄປສະນີ

street sign

ປ້າຍຊື່ຖະໜົນ

parking meter

ມິເຕີເກັບຄ່າຈອດລົດ

zoo

ສວນສັດ

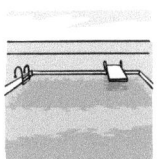

swimming pool

ສະລອຍນ້ຳ

mosque

ວັດມຸດສະລິມ

farm
ຟາມ

pollution
ມົນລະພິດ

cemetery
ສຸສານ

church
ໂບດ

playground
ເດີ່ນຫຼິ້ນຂອງເດັກນ້ອຍ

temple
ວັດມຸດສະລິມ

landscape
ພູມິປະເທດ

leaf
ໃບໄມ້
signpost
ປ້າຍບອກທາງ
path
ທາງ
meadow
ທົ່ງຫຍ້າ
stone
ກ້ອນຫີນ
hiker
ນັກເດີນທາງໄກດ້ວຍການຍ່າງ
tree
ຕົ້ນໄມ້
river
ແມ່ນ້ຳ
grass
ຫຍ້າ
flower
ດອກໄມ້

valley

ຮ່ອມພູ

hill

ເນີນເຂົາ

lake

ທະເລສາບ

forest

ປ່າ

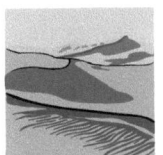

desert

ທະເລຊາຍ

volcano

ພູເຂົາໄຟ

castle

ທຳປະສາດ

rainbow

ຮ້າງກິນນ້ຳ

mushroom

ເຫັດ

palm tree

ຕົ້ນປາມ

mosquito

ຍຸງ

fly

ແມງວັນ

ant

ມົດ

bee

ເຜິ້ງ

spider

ແມງມຸມ

beetle

ແມງປີກແຂງ

frog

ກົບ

squirrel

ກະຮອກ

hedgehog

ເໝັ້ນ

hare

ກະຕ່າຍປ່າ

owl

ນົກເຄົ້າ

bird

ນົກ

swan

ຫົງ

boar

ໝູປ່າຕົວຜູ້

deer

ກວາງ

moose

ກວາງໃຫຍ່

dam

ເຂື່ອນ

wind turbine

ພາກັນປ່ັນ

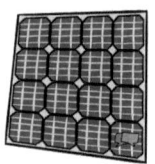

solar panel

ແຜງໂຊລາເຊລ

climate

ສະພາບອາກາດ

restaurant
ຮານອາຫານ

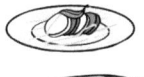

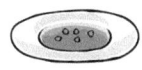

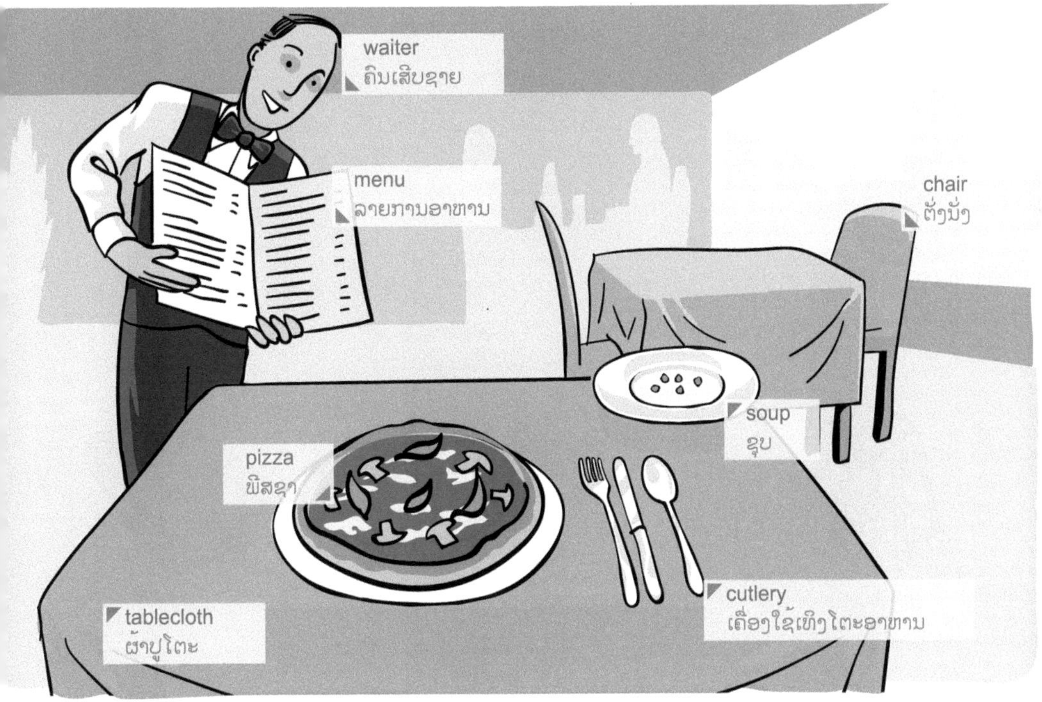
waiter
ຄົນເສີບຊາຍ
menu
ລາຍການອາຫານ
chair
ຕັ່ງນັ່ງ
soup
ຊຸບ
pizza
ພິສຊາ
cutlery
ເຄື່ອງໃຊ້ເທິງໂຕະອາຫານ
tablecloth
ຜ້າປູໂຕະ

starter
ອາຫານເລີ່ມຕົ້ນ

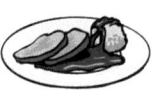

main course
ອາຫານຈານຫຼັກ

dessert
ຂອງຫວານ

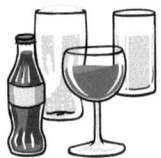

drinks
ເຄື່ອງດື່ມ

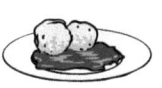

food
ອາຫານ

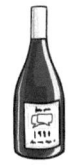

bottle
ຂວດແກ້ວ

fast food

ອາຫານຈານດ່ວນ

street food

ຮ້ານຂ້າງທາງ

teapot

ເຕົ້ານ້ຳຊາ

sugar bowl

ຖ້ວຍນ້ຳຕານ

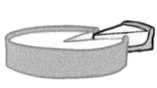

portion

ສ່ວນແບ່ງອາຫານສຳລັບໜຶ່ງຄົນ

espresso machine

ເຄື່ອງຊົງກາເຟເອສເປຣສໂຊ

high chair

ເກົ້າອີ້ສູງ

bill

ໃບເກັບເງິນ

tray

ຖາດ

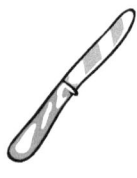

knife

ມີດ

fork

ສ້ອມ

spoon

ບ່ວງ

teaspoon

ຊ້ອນຊາ

serviette

ຜ້າເຊັດປາກຢູ່ໂຕະອາຫານ

glass

ຈອກແກ້ວ

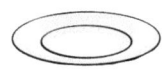

plate

ຈານ

soup plate

ຈານຊຸບ

saucer

ຈານຮອງ

sauce

ຊອສ

salt shaker

ກະປຸກເກືອ

pepper mill

ກະປຸກພິກໄທ

vinegar

ນ້ຳສົ້ມສາຍຊູ

oil

ນ້ຳມັນພືດ

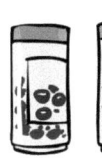

spices

ເຄື່ອງເທດ

ketchup

ຊອສໝາກເດັ່ນ

mustard

ຜັກຈ້ຳພວກຜັກກາດ

mayonnaise

ມາຍອນເນສ

supermarket
ຊູບເປີມາກເກັດ

special offer
ຂໍ້ສະເໜີພິເສດ
FOR
customer
ລູກຄ້າ
dairy products
ຜະລິດຕະພັນທີ່ເຮັດຈາກນົມ
fruit
ໝາກໄມ້
shopping cart
ລົດຊຸກ

BUTCHERS

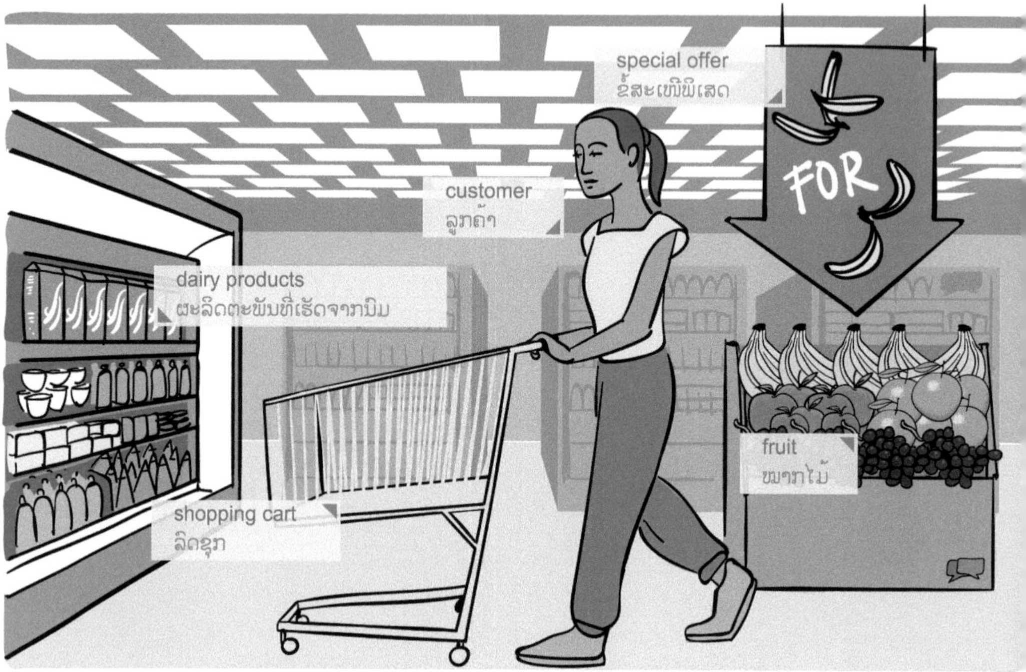

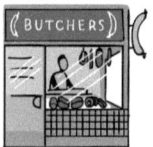

butcher's shop
ຮ້ານຂາຍຊີ້ນ

BAKERY

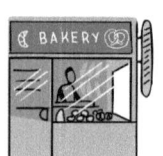

bakery
ຮ້ານຂາຍເຂົ້າໜົມປັງ

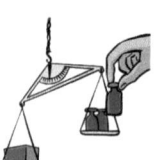

weigh
ຊັ່ງນໍ້າໜັກ

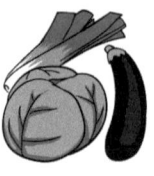

vegetables
ຜັກ

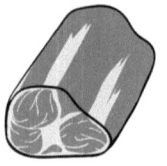

meat
ຊີ້ນ

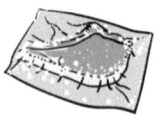

frozen food
ອາຫານແຊ່ແຂງ

cold cuts

ຊີ້ນເຢັນ

canned food

ອາຫານກະປ໋ອງ

detergent

ແຜ່ນຊັກເຄື່ອງ

candy

ເຂົ້າໜົມທອານ

household products

ຜະລິດຕະພັນໃນຄົວເຮືອນ

cleaning products

ຜະລິດຕະພັນທຳຄວາມສະອາດ

sales representative

ພະນັກງານຂາຍຍົງ

cash register

ເຄື່ອງຄິດເງິນ

cashier

ພະນັກງານເກັບລິດ

shopping list

ລາຍການຊື້ເຄື່ອງ

opening hours

ເວລາເປີດເຮັດວຽກ

wallet

ກະເປົາເງິນ

credit card

ບັດເຄຣດິດ

bag

ຖົງ

plastic bag

ຖົງຢາງ

ເຄື່ອງດື່ມ

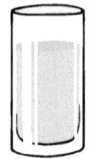

water

ນ້ຳ

juice

ນ້ຳໝາກໄມ້

milk

ນົມ

coke

ໂຄກ

wine

ວາຍ

beer

ເບຍ

alcohol

ເຫຼົ້າ

cocoa

ໂກໂກ້

tea

ຊາ

coffee

ກາເຟ

espresso

ເອສເປຣສໂຊ

cappuccino

ຄາປູຊີໂນ

banana

ໝາກກ້ວຍ

apple

ແອັບເປິ້ນ

orange

ໝາກກ້ຽງ

melon

ໝາກໂມ

lemon

ໝາກນາວ

carrot

ຫົວກະຣົດ

garlic

ຜັກທຽມ

bamboo

ຕົ້ນໄຜ່

onion

ຫອມບົ່ວ

mushroom

ເຫັດ

nuts

ຖົ່ວ

noodles

ເສັ້ນໝີ່

spaghetti

ສະປາແກັດຕີ້

rice

ເຂົ້າ

salad

ສະຫຼັດ

fries

ມັນຝຣັ່ງທອດ

fried potatoes

ມັນຝຣັ່ງທອດ

pizza

ພິສຊາ

hamburger

ແຮມເບີເກີ້

sandwich

ແຊນວິດຈ໌

escalope

ຊີ້ນຕິດກະດູກ

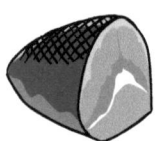

ham

ແຮມ

salami

ໄສ້ກອກແຫ້ງຊາລາມີ

sausage

ໄສ້ກອກ

chicken

ໄກ່

roast

ຍ່າງ

fish

ປາ

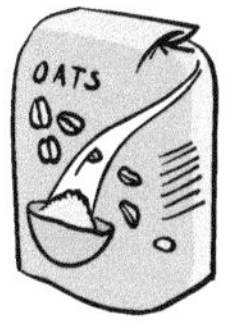

porridge oats

ເຂົ້າປຽກເຂົ້າໂອດ

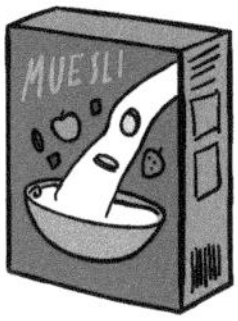

muesli

ອາຫານຊະນິດເປັນເມັດກອບ

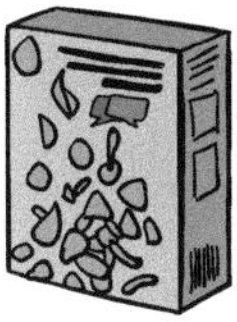

cornflakes

ເຂົ້າຊຽບເປັນປ່ຽງນ້ອຍໆ

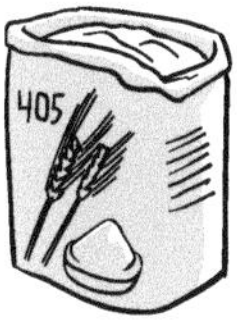

flour

ເຂົ້າແປ້ງ

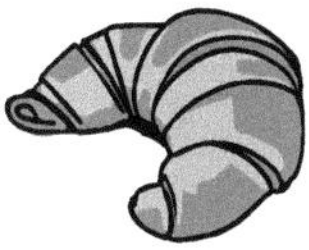

croissant

ເຂົ້າຈີ່ຊະນິດໜຶ່ງມີຮູບເດືອນເຄິ່ງ
ໜວຍ

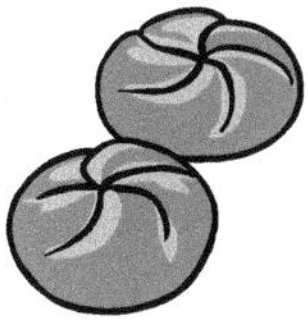

bread roll

ເຂົ້າໜົມປັງແບບມ້ວນ

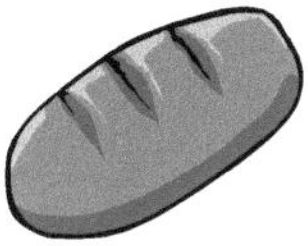

bread

ເຂົ້າໜົມປັງ

toast

ເຂົ້າໜົມປັງປີ້ງ

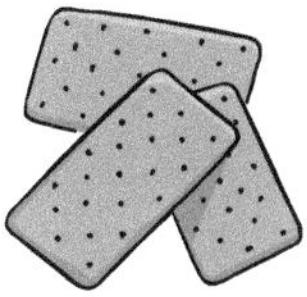

cookies

ເຂົ້າໜົມປັງຊະນິດກ້ອນນ້ອຍ

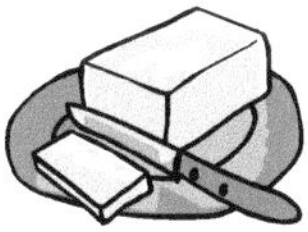

butter

ເນີຍ

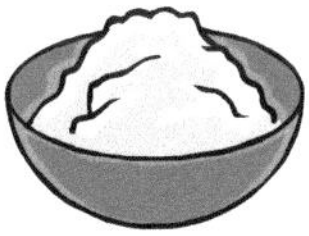

curd

ນ້ຳນົມແຂ້ນ

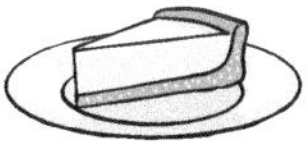

cake

ເຄກ

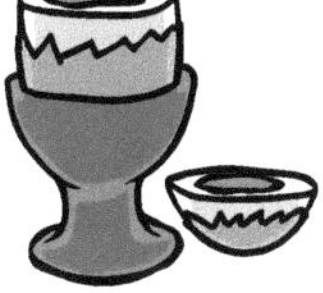

egg

ໄຂ່

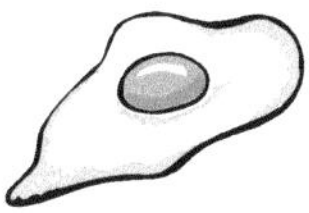

fried egg

ໄຂ່ດາວ

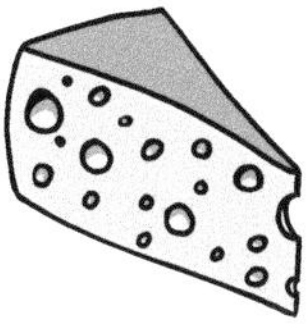

cheese

ເນີຍແຂງ

ice cream

ກະແລ້ມ

sugar

ນ້ຳຕານ

honey

ນ້ຳເຜິ້ງ

jelly

ແຍມ

nougat cream

ຊ້ອກໂກແລັດຄຣິມສະເປຣດ

curry

ກະລີ່

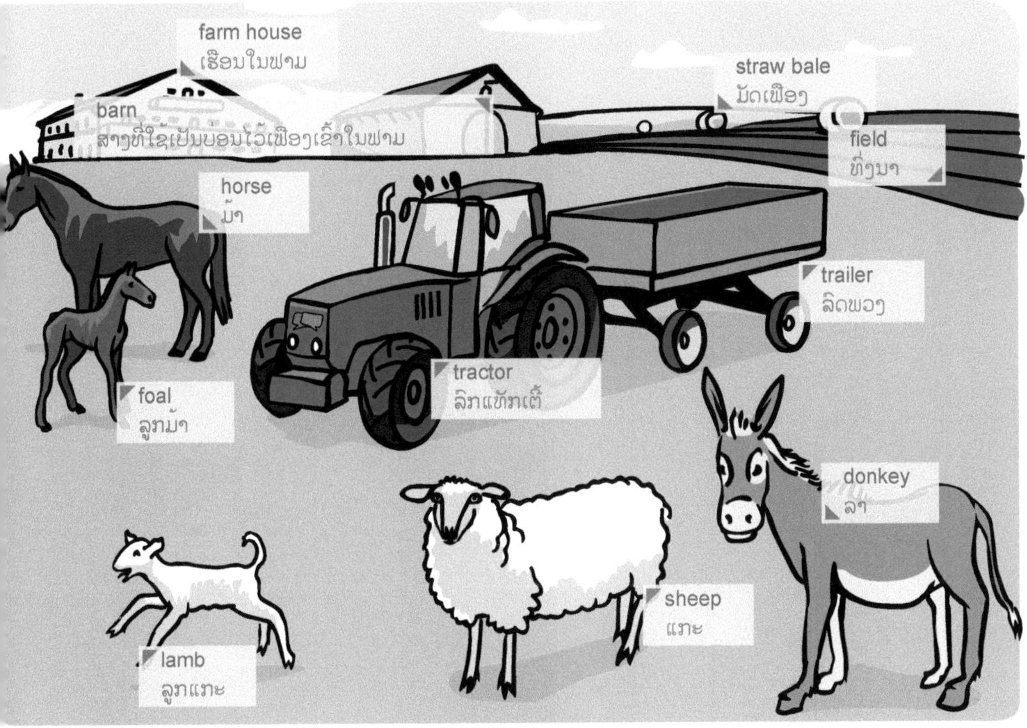

farm house
ເຮືອນໃນຟາມ

straw bale
ມັດເຟືອງ

barn
ສາງທີ່ໃຊ້ເປັນບ່ອນໄວ້ເຟືອງເຂົ້າໃນຟາມ

field
ທີ່ຖ້ານາ

horse
ມ້າ

trailer
ລົດພ່ວງ

tractor
ລົດແທັກເຕີ້

foal
ລູກມ້າ

donkey
ລາ

sheep
ແກະ

lamb
ລູກແກະ

goat

ແກະ

cow

ງົວຕົວແມ່

calf

ລູກງົວ

pig

ໝູ

piglet

ລູກໝູ

bull

ງົວຕົວຜູ້

goose

ຫ່ານ

duck

ເປັດ

chick

ລູກໄກ່

hen

ແມ່ໄກ່

cockerel

ໄກ່ຜູ້

rat

ໜູ

cat

ແມວ

mouse

ໜູ

ox

ງົວຕົວຜູ້

dog

ໝາ

dog house

ຄອກໝາ

garden hose

ສາຍທໍ່ຍາງໆທີ່ໃຊ້ໃນສວນ

watering can

ຂວດຫົດຕົ້ນໄມ້

scythe

ກ່ຽວດ້າມຍາວ

plow

ຄັນໄຖ

sickle

ກຽວ

hoe

ຈົກ

pitchfork

ຄາດ

axe

ຂວານ

pushcart

ລົດຍູ້ລໍ້ງວ

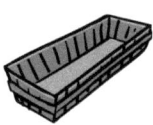

trough

ຫາງລິນ

milk can

ປ່ອງນົມ

sack

ກະສອບ

fence

ຮົ້ວ

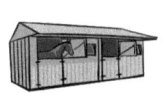

stable

ຄອກມ້າ

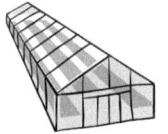

greenhouse

ເຮືອນກະຈົກ

soil

ດິນ

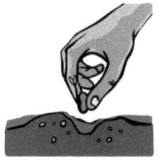

seed

ແກນ

fertilizer

ປຸ໋ຍ

combine harvester

ເຄື່ອງກ່ຽວເຂົ້າ

harvest

ເກັບກ່ຽວ

harvest

ການເກັບກ່ຽວ

yams

ເຜືອກ

wheat

ເຂົ້າສາລິ

soya

ຖົ່ວເຫຼືອງ

potato

ມັນຝຣັ່ງ

corn

ເຂົ້າໂພດ

rapeseed

ດອກເຣພຊິດ

fruit tree

ຕົ້ນໄມ້ທີ່ອອກໝາກ

manioc

ມັນຕົ້ນ

grain

ພິດຊະນິດເມັດ

house
ເຮືອນ

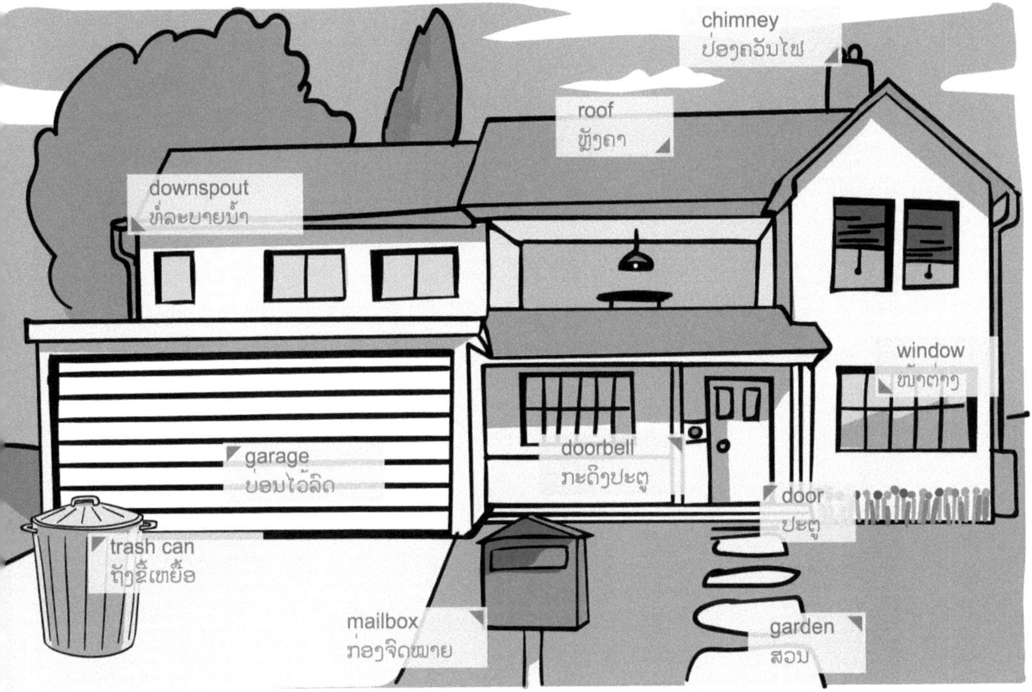

chimney
ປ່ອງຄວັນໄຟ
roof
ຫຼັງຄາ
downspout
ທໍ່ລະບາຍນໍ້າ
window
ໜ້າຕ່າງ
garage
ບ່ອນໄວ້ລົດ
doorbell
ກະດິ່ງປະຕູ
door
ປະຕູ
trash can
ຖັງຂີ້ເຫຍື້ອ
mailbox
ກ່ອງຈົດໝາຍ
garden
ສວນ

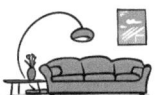

living room
ຫ້ອງຮັບແຂກ

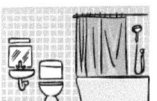

bathroom
ຫ້ອງນໍ້າ

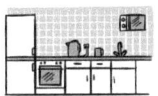

kitchen
ຫ້ອງຄົວ

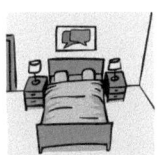

bedroom
ຫ້ອງນອນ

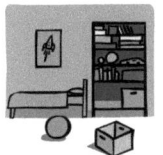

kids room
ຫ້ອງພັກສໍາລັບເດັກນ້ອຍ

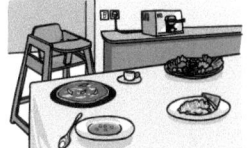

dining room
ຫ້ອງອາຫານ

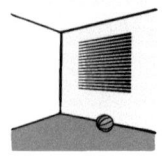

floor

ພື້ນ

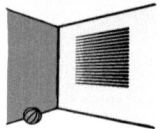

wall

ຝາຜະໜັງ

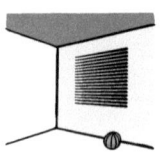

ceiling

ເພດານ

cellar

ຫ້ອງເກັບເຄື່ອງໃຕ້ດິນ

sauna

ຫ້ອງອົບອາຍນ້ຳ

balcony

ລະບຽງ

terrace

ຊຸ້ມຕາມລ້າງພູ

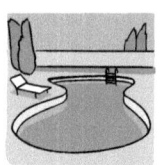

pool

ສະລອຍນ້ຳ

lawn mower

ເຄື່ອງຕັດຫຍ້າ

sheet

ຜ້າປູບ່ອມນອນ

bedspread

ຜ້າບູຕຽງ

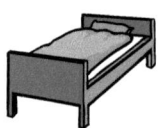

bed

ຕຽງ

broom

ຟອຍ

bucket

ຖຸ

switch

ສະວິຕ

living room
ຫອງຮັບແຂກ

wallpaper
ພາບພື້ນຫຼັງ
picture
ຮູບພາບ
lamp
ໂຄມໄຟ
shelf
ຊັ້ນວາງຂອງ
cabinet
ຕູ້
television
ໂທລະທັດ
fireplace
ເຕົາຜີງ
flower
ດອກໄມ້
cushion
ເບາະນັ່ງ
sofa
ໂຊຟາ
vase
ໂຖໃສ່ດອກໄມ້
remote control
ຣີໂໝດຄວບຄຸມ

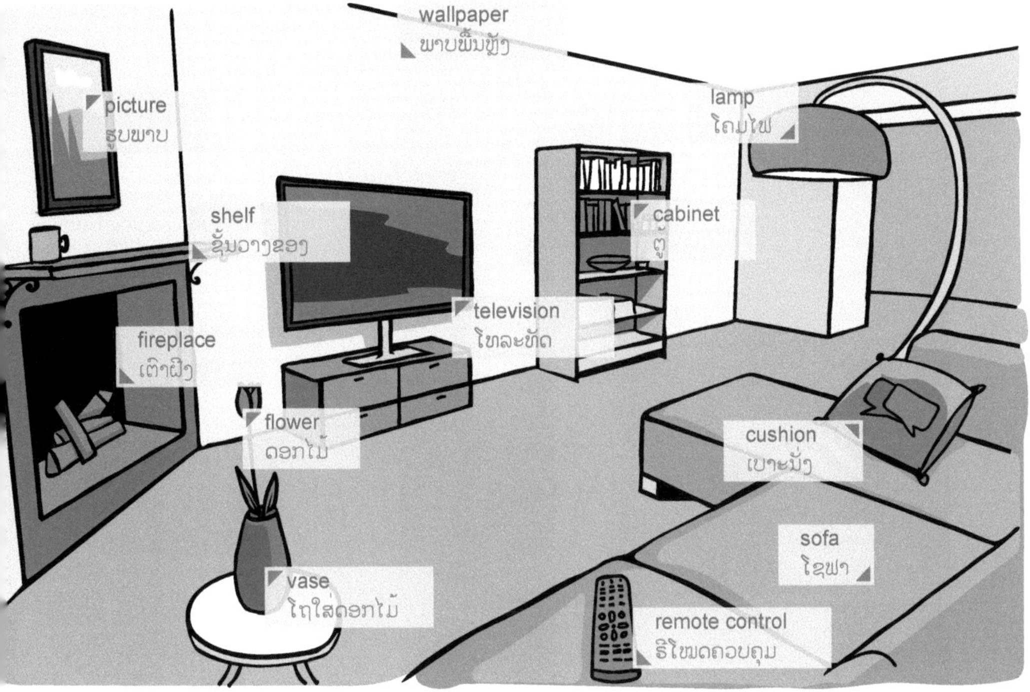

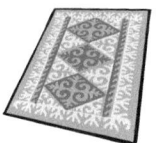

carpet
ພົມປູພື້ນ

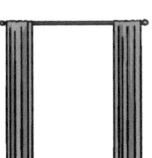

drape
ຜ້າກັ້ງ

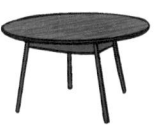

table
ໂຕະ

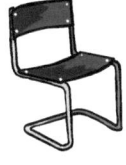

chair
ຕັ່ງນັ່ງ

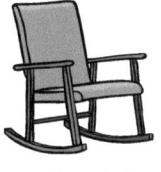

rocking chair
ຕັ່ງນັ່ງແບບໂຍກໄດ້

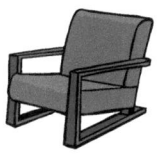

armchair
ຕັ່ງນັ່ງທີ່ມີບ່ອນວາງແຂນ

book

ໜັງສື

blanket

ຜ້າຫົ່ມ

decoration

ຂອງຕົກແຕ່ງ

firewood

ຟືນ

film

ຮູບເງົາ

stereo system

ເຄື່ອງສຽງລະບົບໄຮໄຟ

key

ກະແຈ

newspaper

ໜັງສືພິມ

painting

ການແຕ້ມຮູບ

poster

ໂປສເຕີ

radio

ວິທະຍຸ

notebook

ແຜ່ນບັນທຶກ

vacuum cleaner

ເຄື່ອງດູດຝຸ່ນ

cactus

ຕົ້ນກະບອງເພັດ

candle

ທຽນໄຂ

kitchen
ຫອງຄົວ

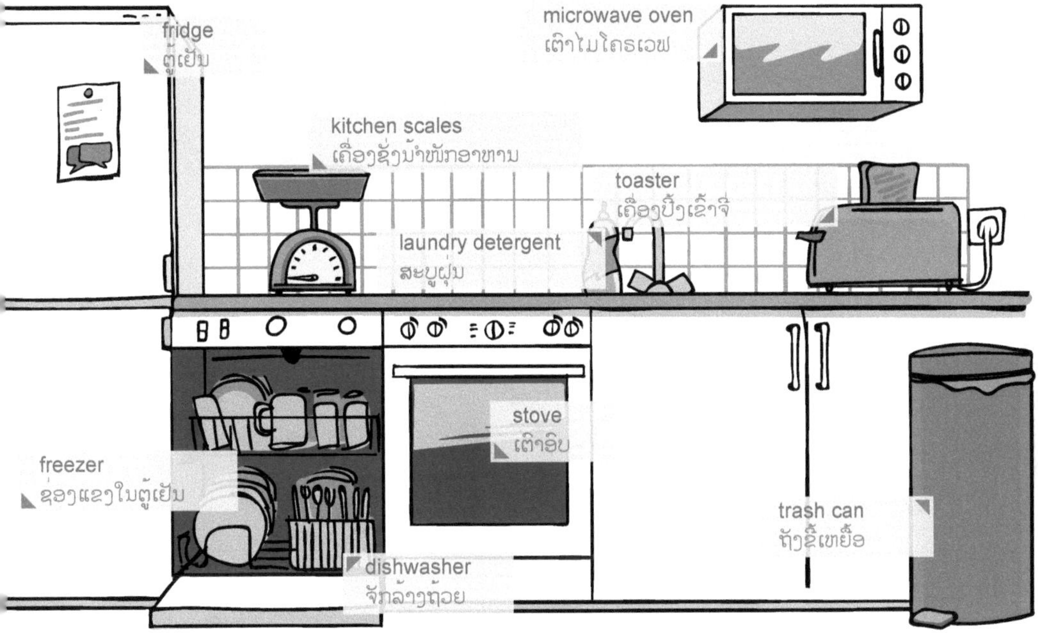
fridge
ຕູ້ເຢັນ
microwave oven
ເຕົາໄມໂຄຣເວຟ
kitchen scales
ເຄື່ອງຊັ່ງນໍ້າໜັກອາຫານ
toaster
ເຄື່ອງປີ້ງເຂົ້າຈີ່
laundry detergent
ສະບູຝຸ່ນ
stove
ເຕົາອົບ
freezer
ຊ່ອງແຂງໃນຕູ້ເຢັນ
trash can
ຖັງຂີ້ເຫຍື້ອ
dishwasher
ຈັກລ້າງຖ້ວຍ

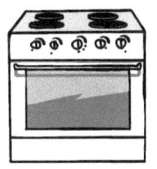

cooker
ໝໍ້ຕົ້ມ

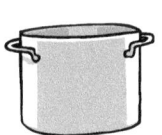

pot
ໝໍ້

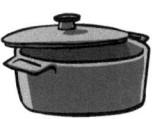

cast-iron pot
ໝໍ້ເຫຼັກຫຼໍ່

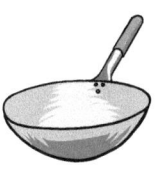

wok / kadai
ໝໍ້ກະທະຈີນ

pan
ໝໍກະທະກົ້ນແບນ

kettle
ກາຕົ້ມນໍ້າ

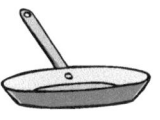

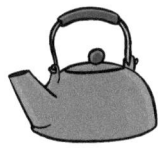

steamer

ໝໍ້ໄອນ້ຳ

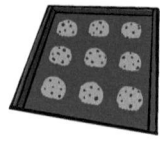

baking tray

ຖາດອົບ

crockery

ເຄື່ອງຖ້ວຍຊາມ

mug

ຈອກທຶມ

bowl

ຖ້ວຍ

chopsticks

ໄມ້ທູ່

ladle

ຈອງດ້າມຍາວ

spatula

ຕະຫຼິວ

whisk

ເຄື່ອງຕີໄຂ່

strainer

ກະຊອນ

sieve

ເຄື່ອງຣ່ອນ

grater

ເຫັ້ກຂູດ

mortar

ຄົກ

barbecue

ບາບີຄິວ

fireplace

ແຄມໄຟຖ່າວຄອນ

chopping board
ຂຽງ

rolling pin
ໄມ້ບວດແປ້ງ

corkscrew
ເຫຼັກໄຂດອນແກ້ວ

can
ກະປ໋ອງ

can opener
ເຄື່ອງເປີດກະປ໋ອງ

oven cloth
ຖົງມືຈັບຂອງຮ້ອນ

sink
ອ່າງລ້າງຈານ

brush
ແປງ

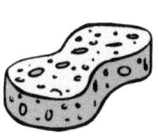

sponge
ຟອງນ້ຳ

blender
ເຄື່ອງປັ່ນ

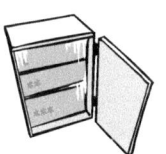

deep freezer
ຕູ້ແຊ່ແຂງ

baby bottle
ຂວດນົມ

tap
ກ໊ອກນ້ຳ

bathroom

ຫ້ອງນ້ຳ

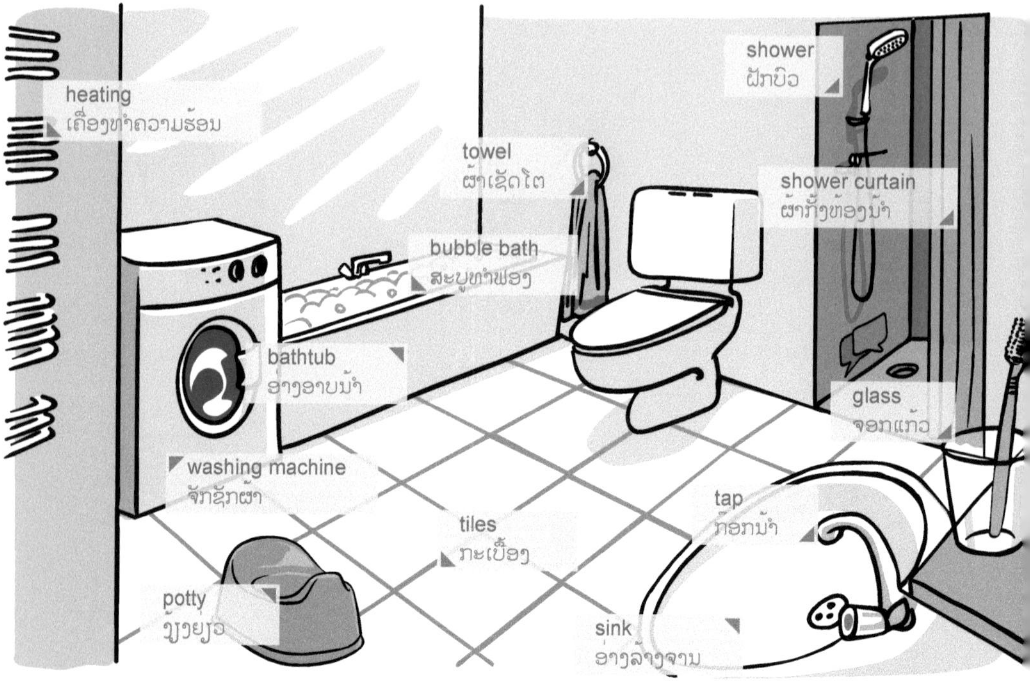

heating
ເຄື່ອງທຳຄວາມຮ້ອນ
towel
ຜ້າເຊັດໂຕ
shower
ຝັກບົວ
shower curtain
ຜ້າກັ້ງຫ້ອງນ້ຳ
bubble bath
ສະບູທຳຟອງ
bathtub
ອ່າງອາບນ້ຳ
glass
ຈອກແກ້ວ
washing machine
ຈັກຊັກຜ້າ
tap
ກ໊ອກນ້ຳ
tiles
ກະເບື້ອງ
potty
ງູ່ງຍ່ຽວ
sink
ອ່າງລ້າງຈານ

toilet

ຫ້ອງສ້ວມ

squat toilet

ໂຖສ້ວມແບບນັ່ງຍອງ

bidet

ໂຖຍ່ຽວຂອງຜູ້ຍິງ

urinal

ໂຖຍ່ຽວຂອງຜູ້ຊາຍ

toilet paper

ກະດາດຊຳລະທີ່ໃຊ້ໃນຫ້ອງນ້ຳ

toilet brush

ແປງຂັດຫ້ອງນ້ຳ

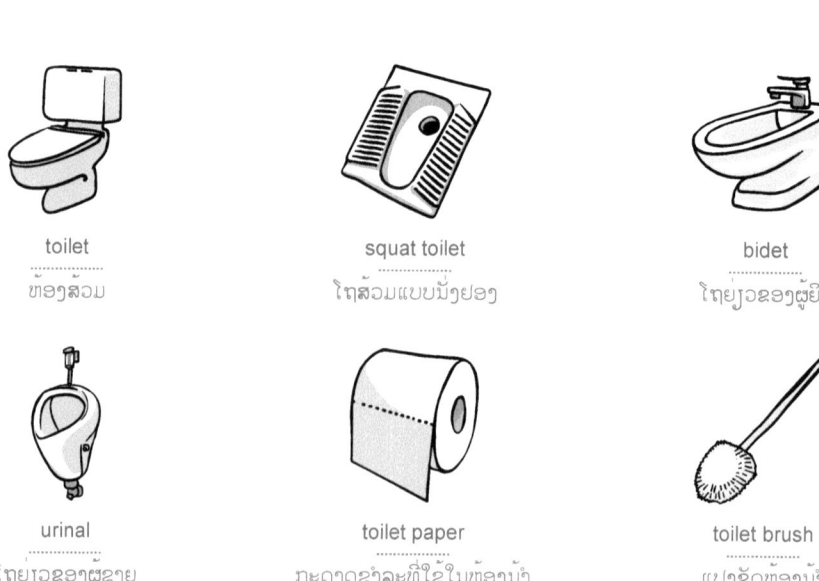

toothbrush

ແປງສີຟັນ

toothpaste

ຍາສີຟັນ

dental floss

ໄຫມຂັດແຂ້ວ

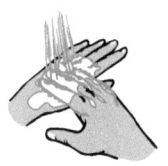

wash

ລ້າງ

hand shower

ຝັກບົວອາບນ້ຳທີ່ໃຊ້ມືຈັບ

douche

ເຄື່ອງສີດລ້າງ

basin

ອ່າງລ້າງໜ້າ

back brush

ແປງຖູຫົວ

soap

ສະບູ

shower gel

ເຈລອາບນ້ຳ

shampoo

ແຊມພູ

flannel

ຜ້າຖູໂຕນ້ອຍ

drain

ທໍ່ລະບາຍນ້ຳເສຍ

creme

ຄີມ

deodorant

ຍາດັບກິ່ນ

mirror

ແອ່ນແຍງ

hand mirror

ແອ່ນມືຖື

razor

ມິດແຖກໜວດ

shaving foam

ໂຟມແຖກໜວດ

aftershave

ໂລຊັ່ນບຳລຸຜິວຫຼັງແຖກໜວດ

comb

ຫວີ

brush

ແປງ

hair-dryer

ຈັກເປົ່າຜົມ

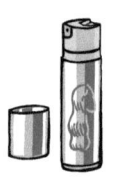

hairspray

ສະເປຊີດຜົມ

makeup

ຊຸດເຄື່ອງສຳອາງ

lipstick

ລິບສະຕິກທາສົບ

nail varnish

ນ້ຳຍາທາເລັບ

cotton wool

ສຳລີ

nail scissors

ມິດຕັດເລັບ

perfume

ນ້ຳຫອມ

washbag

ກະເປົາອາບນ້ຳ

stool

ຕັ່ງສາມຂາ

weighing scales

ເຄື່ອງຊັ່ງນ້ຳໜັກ

bathrobe

ເສື້ອຄຸມອາບນ້ຳ

rubber gloves

ຖົງມືຢາງ

tampon

ຜ້າອະນາໄມແບບສອດ

sanitary towel

ຜ້າອະນາໄມ

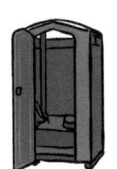

chemical toilet

ຫ້ອງນ້ຳເຄມີ

kids room
ຫອງພັກສຳລັບເດັກນອຍ

alarm clock
ໂມງປຸກ
cuddly toy
ຂອງຫຼິ້ນທີ່ໜ້າຮັກ
toy car
ລົດຂອງຫຼິ້ນ
rattle
ເຄື່ອງຫຼິ້ນເດັກນ້ອຍທີ່ສັ່ນດັງແຊັກໆ
doll's house
ບ້ານຕຸກກະຕາ
present
ຂອງຂວັນ

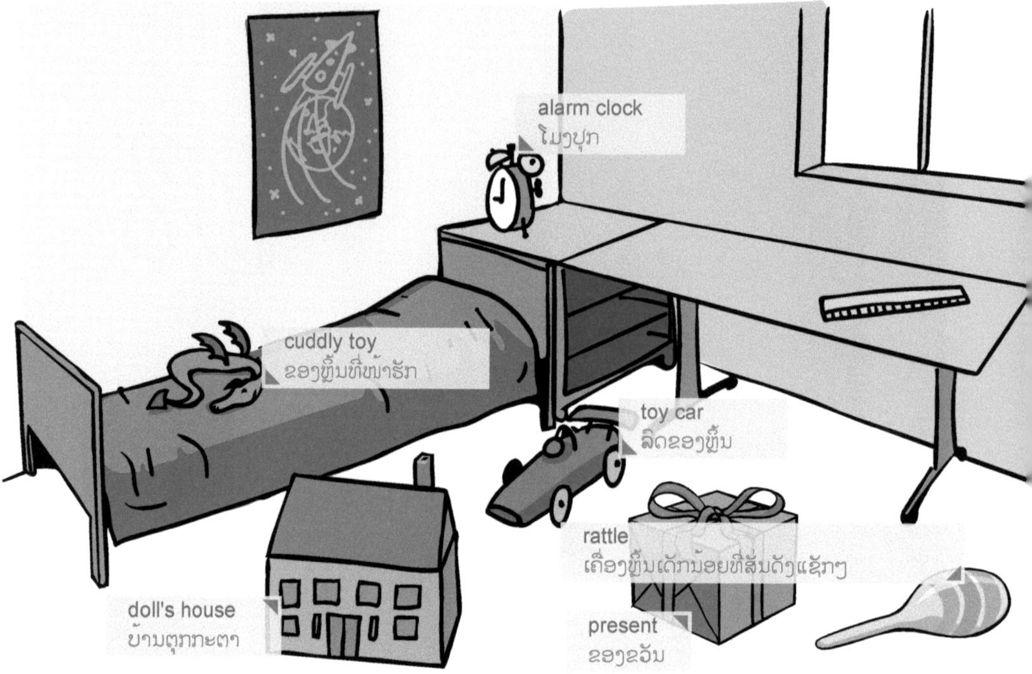

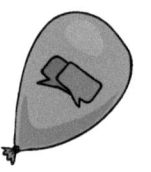

balloon
ໝາກປຸມເປົ້າ

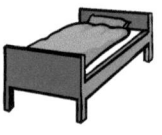

bed
ຕຽງ

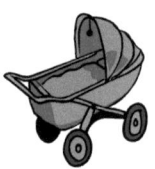

stroller
ລົດຍູ້ເດັກ

deck of cards
ຊຸມໄພ້

jigsaw
ຈິກຊໍ

SUPER
MEGA

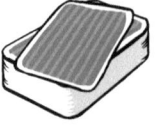

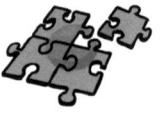

comic
ໜັງສືກາຕູນ

lego bricks
ຕິວຕໍ່ເລໂກ້

toy blocks
ບລ໋ອກຂອງຫຼິ້ນ

action figure
ຮູບປັ້ນທີ່ເຄື່ອນໄຫວໄດ້

romper suit
ເສື້ອຜ້າເດັກເກີດໃໝ່

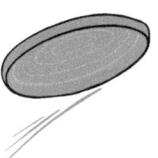

frisbee
ຈານບິນ

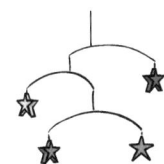

mobile
ສິ່ງທີ່ແກວ່ງໄປມາແຂນຢູ່ເທິງທິວ
ຫຍ້ງເດັກນ້ອຍ

board game
ເກມກະດານ

dice
ໝາກກະລອກ

model train set
ຊຸດລົດໄຟຈຳລອງ

pacifier
ຮູບຫຸນ

party
ງານລ້ຽງ

picture book
ໜັງສືພາບ

ball
ໝາກບານ

doll
ຕຸກກະຕາ

play
ຫຼິ້ນ

sandpit

ຂຸມດິນຊາຍສຳລັບເດັກນ້ອຍຫຼິ້ນ

swing

ຊີງຊ້າ

toys

ຂອງຫຼິ້ນ

video game console

ເຄື່ອງຫຼິ້ນວິດີໂອເກມ

tricycle

ລົດຖີບສາມລໍ້

teddy bear

ຕຸກກະຕາໝີ

wardrobe

ຕູ້ເສື້ອຜ້າ

clothing

ເສື້ອຜ້າ

socks

ລອງເທົ້າ

stockings

ຖົງເທົ້າຍາວຜູ້ຍິງ

tights

ໃສ້ງຍືດແບບເໝື້ອ

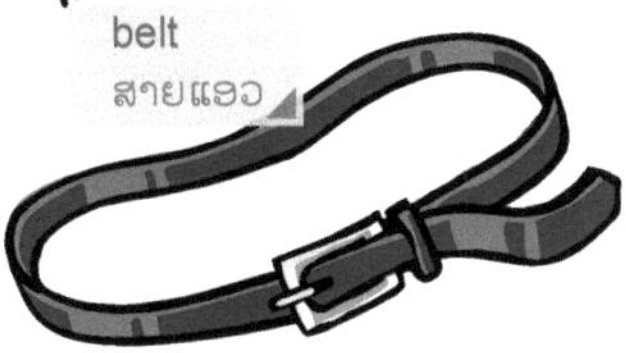

scarf
ຜ້າພັນຄໍ

umbrella
ຄັນຮົ່ມ

t-shirt
ເສື້ອຍືດຄໍມົນ

belt
ສາຍແອວ

boots
ເກີບບູດທ໌

slippers
ເກີບແຕະ

sneakers
ເກີບກິລາ

sandals

ເກີບຊັງດານ

shoes

ເກີບ

rubber boots

ເກີບບູດທ໌ຢາງ

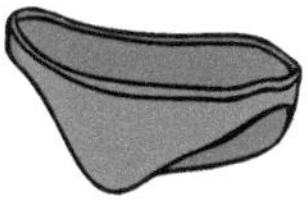

underwear

ໂສ້ງຊ້ອນໃນ

bra

ເສື້ອຊ້ອນໃນ

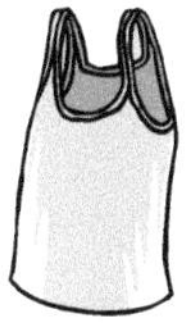

undershirt

ເສື້ອກ້າມ

clothing - ເສື້ອຜ້າ

body

ເສື້ອຮັດຂຸ່ນ

pants

ໄສ້້ງຂາຍາວ

jeans

ໄສ້້ງຍິນ

skirt

ກະໂປ່ງ

blouse

ເສື້ອຜູ້ຍ້ງ

shirt

ເສື້ອເຊີດ

pullover

ເສື້ອກັນໜາວ

sweater

ເສື້ອຄຸມມີໝວກ

blazer

ເສື້ອໃຫຍ່ທີ່ຕິດກາໃຮ້ງຮູບໝູກກາທິ
ມກິລາ

jacket

ເສື້ອແຈັກເກັດ

coat

ເສື້ອນອກ

raincoat

ເສື້ອກັນຝົນ

costume

ເຄື່ອງແຕ່ງກາຍ

dress

ກະໂປ່ງ

wedding dress

ຊຸດແຕ່ງງານ

suit

ເສື້ອສູດ

nightgown

ຊຸດລາຕີ

pajamas

ຊຸດນອນ

sari

ຊຸດຊາຣິ

headscarf

ຜາຄຸມຫົວ

turban

ຜ້າພັນຫົວ

burka

ເສື້ອບຸຣກາະ

kaftan

ເສື້ອຄຸມຄາຟຕານ

abaya

ເສື້ອຄຸມອາບາຍາ

swimsuit

ຊຸດລອຍນ້ຳ

trunks

ໄສ້ງໃສ່ລອຍນ້ຳ

shorts

ໄສ້ງຂາສັ້ນ

tracksuit

ຊຸດວອມ

apron

ຜ້າກັນເປື້ອນ

gloves

ຖົງມື

button

ກະດຸມ

glasses

ແວ່ນຕາ

bracelet

ປອກແຂນ

necklace

ສ້ອຍຄໍ

ring

ແຫວນ

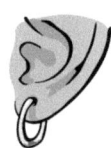

earring

ຕຸ້ມຫູ

cap

ໝວກແກ໊ບ

coat hanger

ກັ້ງແຂນເສື້ອນອກ

hat

ໝວກ

tie

ກາລະຫວັດ

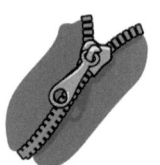

zip

ຊິບ

helmet

ໝວກກັນກະທົບ

braces

ສາຍໂຍງໂສ້ງ

school uniform

ຊຸດນັກຮຽນ

uniform

ເຄື່ອງແບບ

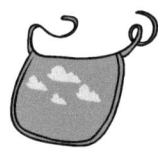

bib

ຜ້າກັນເປື້ອນເດັກ

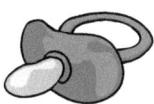

pacifier

ຮູບຫຸ່ນ

diaper

ຜ້າອ້ອມ

office

ຫອງການ

server
ເຊີບເວີ
filing cabinet
ຕູ້ເອກະສານ
printer
ເຄື່ອງພິມ
paper
ເຈ້ຍ
monitor
ຈໍພາບ
mouse
ເມົ້າ
desk
ໂຕະເຮັດວຽກ
folder
ແຟ້ມເອກະສານ
keyboard
ແປ້ນພິມ
waste-paper basket
ກະຕ່າໃສ່ເສດເຈ້ຍ
computer
ຄອມພິວເຕີ
chair
ຕັ່ງນັ່ງ

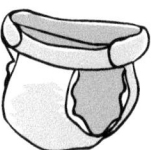

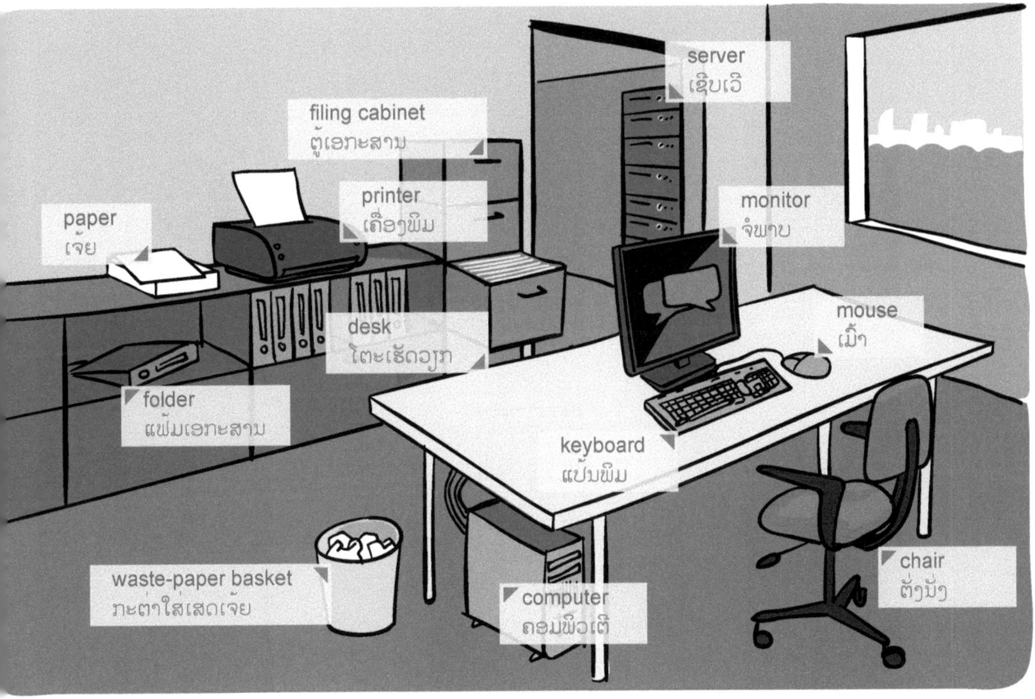

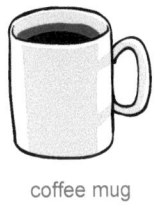

coffee mug

ຈອກທິນໃສ່ກາເຟ

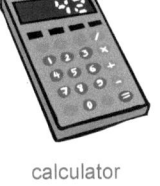

calculator

ເຄື່ອງຄິດເລກ

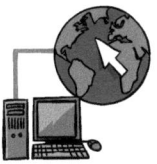

internet

ອິນເຕີເນັດ

laptop

ຄອມພິວເຕີແລັບທ໊ອບ

letter

ຈົດໝາຍ

message

ຂໍ້ຄວາມ

cell phone

ໂທລະສັບມືຖື

network

ເຄືອຂ່າຍ

photocopier

ເຄື່ອງຖ່າຍເອກະສານ

software

ຊອບແວ

telephone

ໂທລະສັບ

plug socket

ປັກໄຟ

fax machine

ເຄື່ອງແຟັກ

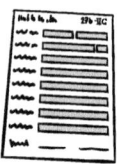

form

ແບບຟອມ

document

ເອກະສານ

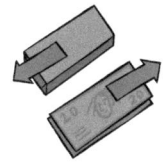

buy

ຊື້

pay

ຈ່າຍ

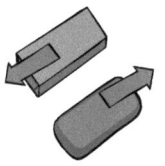

trade

ຄ້າຂາຍ

money

ເງິນ

dollar

ເງິນດອນລາ

euro

ເງິນຢູໂຣ

yen

ເງິນເຢນ

rouble

ເງິນຣູເບິລ

Swiss franc

ເງິນຝຣັ່ງສະວິດ

renminbi yuan

ເງິນຢວນເຣິນໝິນບີ້

rupee

ເງິນຣູປີ

cash point

ເຄື່ອງສຳລັບກົດເງິນສົດຈາກທະນາ
ຄານ

currency exchange office

ບ່ອນແລກປ່ຽນເງິນຕາ

gold

ທອງຄຳ

silver

ເງິນ

oil

ນ້ຳມັນ

energy

ພະລັງງານ

price

ລາຄາ

contract

ສັນຍາ

tax

ພາສີ

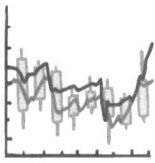

stock

ຫຸ້ນ

work

ເຮັດວຽກ

employee

ລູກຈ້າງ

employer

ນາຍຈ້າງ

factory

ໂຮງງານ

shop

ຮ້ານຄ້າ

police officer
ເຈົ້າໜ້າທີ່ຕຳຫຼວດ

fireman
ພະນັກງານດັບເພີງ

cook
ພໍ່ຄົວ

doctor
ທ່ານໝໍ

pilot
ນັກບິນ

gardener

ຊາວສວນ

carpenter

ຊ່າງໄມ້

seamstress

ຊ່າງຫຍິບຜ້າທີ່ເປັນຜູ້ຍິງ

judge

ຜູ້ພິພາກສາ

chemist

ນັກເຄມີ

actor

ນັກສະແດງຊາຍ

bus driver

ຄົນຂັບລົດເມປະຈຳທາງ

taxi driver

ຄົນຂັບແທັກຊີ

fisherman

ຊາວປະມົງ

cleaning lady

ແມ່ບ້ານທຳຄວາມສະອາດ

roofer

ຊ່າງມຸງຫຼັງຄາ

waiter

ຄົນເສີບຂາຍ

hunter

ນາຍພານ

painter

ຊ່າງທາສີ

baker

ຄົນເຮັດເຂົ້າໜົມປັງ

electrician

ຊ່າງໄຟຟ້າ

builder

ຊ່າງກໍ່ສ້າງ

engineer

ວິສະວິກອນ

butcher

ຄົນຂາຍຊີ້ນ

plumber

ຊ່າງນ້ຳປະປາ

postman

ບູລຸດໄປສະນີ

soldier

ທະຫານ

architect

ສະຖາປະນິກ

cashier

ພະນັກງານເກັບເງິນ

florist

ຄົນຂາຍດອກໄມ້

hairdresser

ຊ່າງແຕ່ງຜົມ

conductor

ພະນັກງານກວດປີ້ລົດ

mechanic

ຊ່າງສ້ອມລົດຍົນ

captain

ຜູ້ບັງຄັບການ

dentist

ທັນຕະແພດ

scientist

ນັກວິທະຍາສາດ

rabbi

ພະໃນສາສະໜາຢິວ

imam

ຜູ້ນຳຊາວມຸສລິມ

monk

ຄູບາ

pastor

ນັກບວດ

tools
ເຄື່ອງມື

hammer
ຄ້ອນຕີ
pliers
ຄີມ
screwdriver
ເຫຼັກໄຂຄວງ
wrench
ຄີມປາກຕາຍ
torch
ໄຟສາຍ

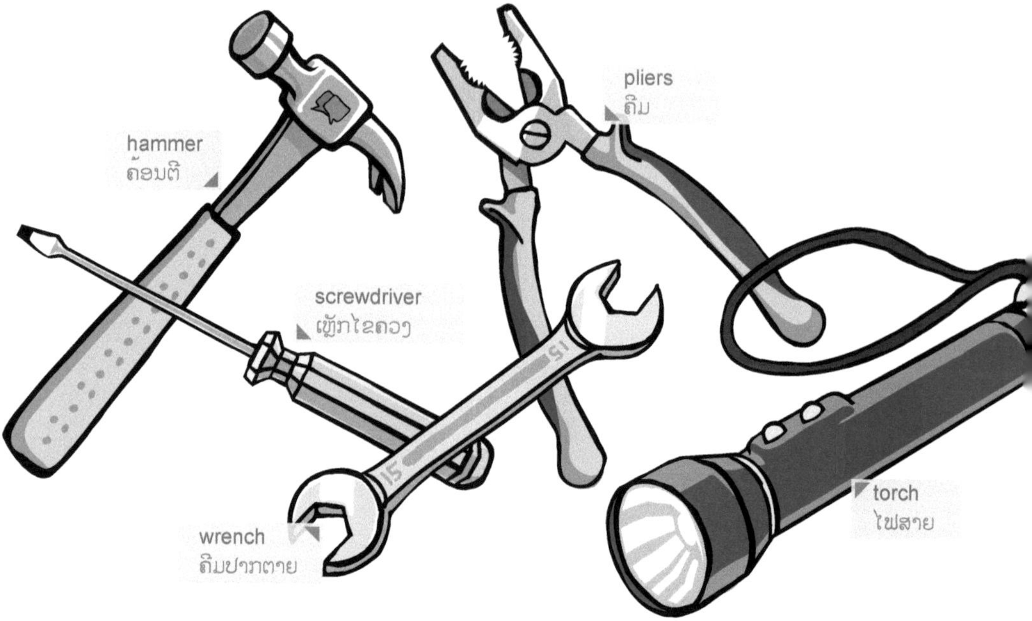

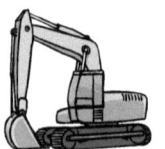

excavator

ເຄື່ອງຂຸດ

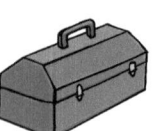

toolbox

ກັບເຄື່ອງມື

ladder

ຂັ້ນໄດ

saw

ເລື່ອຍ

nails

ຕະປູ

drill

ເຫຼັກຊີ

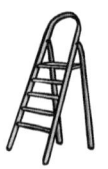

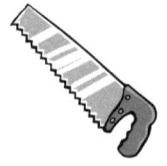

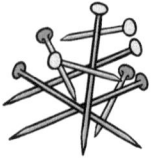

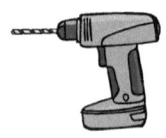

repair

ສ້ອມແປງ

shovel

ຊວ້ານ

Damn!

ຕາຍຫ່າ!

dustpan

ຂອງຊວ້ານຂີ້ເຫຍື້ອ

paint can

ກ້ວງສີ

screws

ຕະປູກຽວ

musical instruments
ເຄື່ອງດົນຕີ

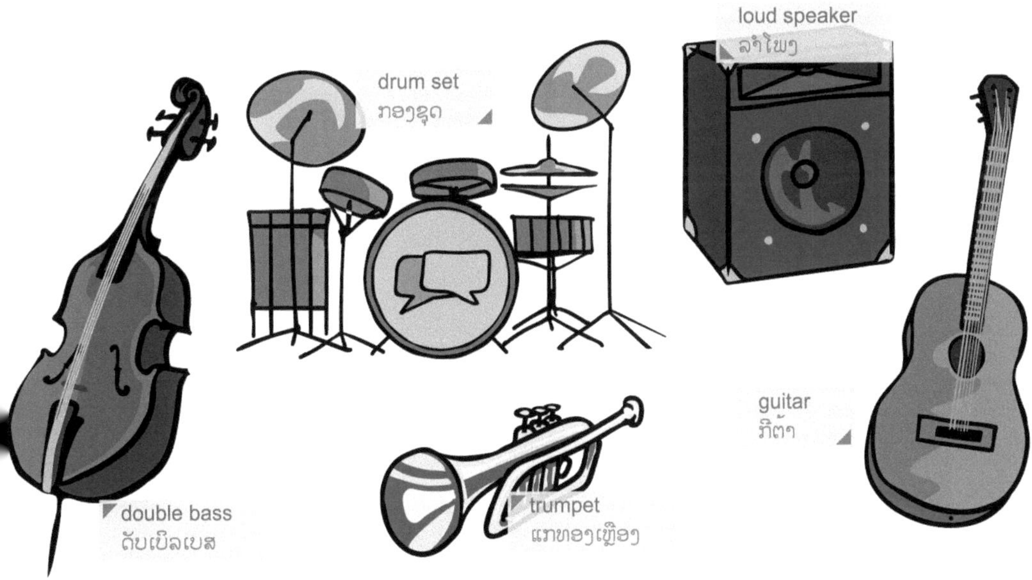

loud speaker
ລຳໄພງ

drum set
ກອງຊຸດ

double bass
ດັບເບິລເບສ

trumpet
ແກທອງເຫຼືອງ

guitar
ກີຕ້າ

piano

ເປຍໂນ

violin

ໄວໂອລິນ

bass

ເບສ

timpani

ກອງທິມປານີ

drums

ກອງຊຸດ

keyboard

ຄີບອດ

saxophone

ແຊັກໄຊໂຟນ

flute

ຂຸ່ຍ

microphone

ໄມໂຄຣໂຟນ

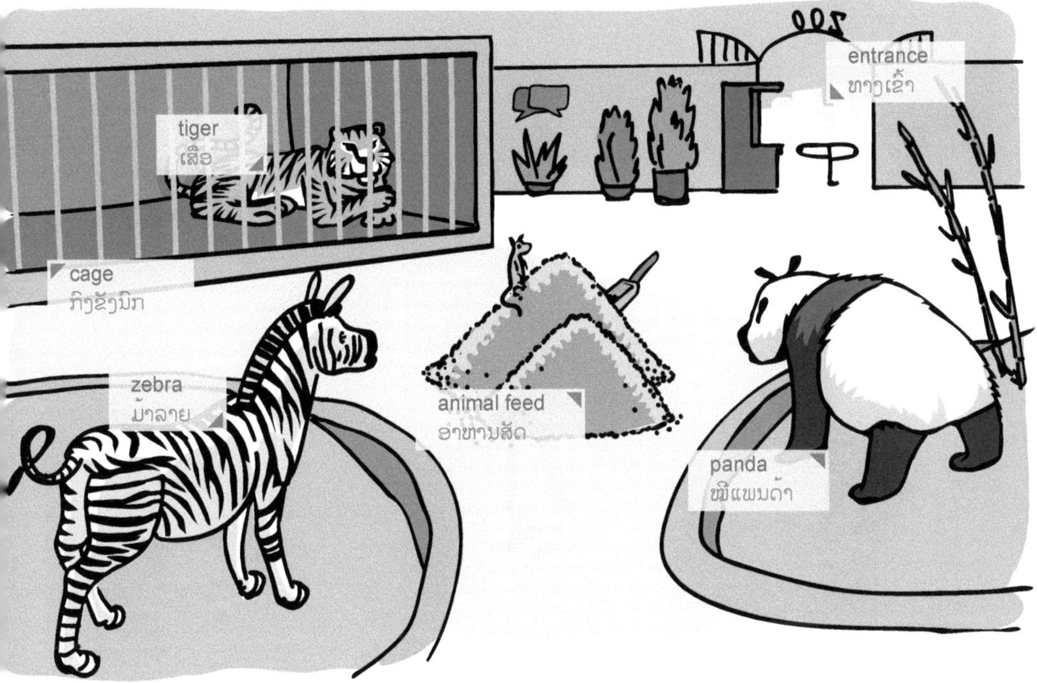

entrance
ທາງເຂົ້າ

tiger
ເສືອ

cage
ກົງຂັງນົກ

zebra
ມ້າລາຍ

animal feed
ອາຫານສັດ

panda
ໝີແພນດ້າ

animals
ສັດ

elephant
ຊ້າງ

kangaroo
ກັງກາຣູ

rhino
ແຣດ

gorilla
ລິງໂກມໃຫຍ່

bear
ໝີ

camel

ອູດ

ostrich

ນົກກະຈອກເທດ

lion

ສິງໂຕ

monkey

ລີງ

flamingo

ນົກຟາມິງໂກ

parrot

ນົກແກ້ວ

polar bear

ໝີຂົ້ວໂລກ

penguin

ນົກເພັນກວິນ

shark

ປາສະຫຼາມ

peacock

ນົກຍູງ

snake

ງູ

crocodile

ແຂ້

zookeeper

ຜູ້ເບິ່ງແຍງສວນສັດ

seal

ແມວນ້ຳ

jaguar

ເສືອຈາກົວ

pony

ມ້ງພັນນ້ອຍ

leopard

ເສືອດາວ

hippo

ຮິບໂປ

giraffe

ໂຕຈີຣາຟ

eagle

ໜງອ

boar

ໝູປ່າຕົວຜູ້

fish

ປາ

turtle

ເຕົ່າ

walrus

ຊ້າງນ້ຳ

fox

ໝາຈອກ

gazelle

ກວາງນ້ອຍ

American football
ອາເມລິກັນ ຟຸດບອນ

cycling
ຂີ່ລົດຖີບ

tennis
ກິລາເທນນິສ

basketball
ບັສເກັດບອລ

swimming
ກິລາລອຍນ້ຳ

ice hockey
ກິລາຕີຄີເທິ່ນນ້ຳແຂງ

boxing
ຊົກມວຍ

soccer
ກິລາເຕະບານ

badminton
ກິລາຕີດອກປີກໄກ່

athletics
ກິລາຍະເພດ ແລ່ນ
ເຕັ້ນແລະແທງ

handball
ແຮນບອລ

skiing
ກິລາສະກີ້

polo
ກິລາໂປໂລນ້ຳ

activities
ກິດຈະກຳ

laugh
ຫົວ
jump
ໂດດ
hug
ກອດ
walk
ຍ່າງ
sing
ຮ້ອງເພງ
dream
ຝັນ
pray
ໄຫວ້ພະ / ສວດມົນ
kiss
ຈູບ

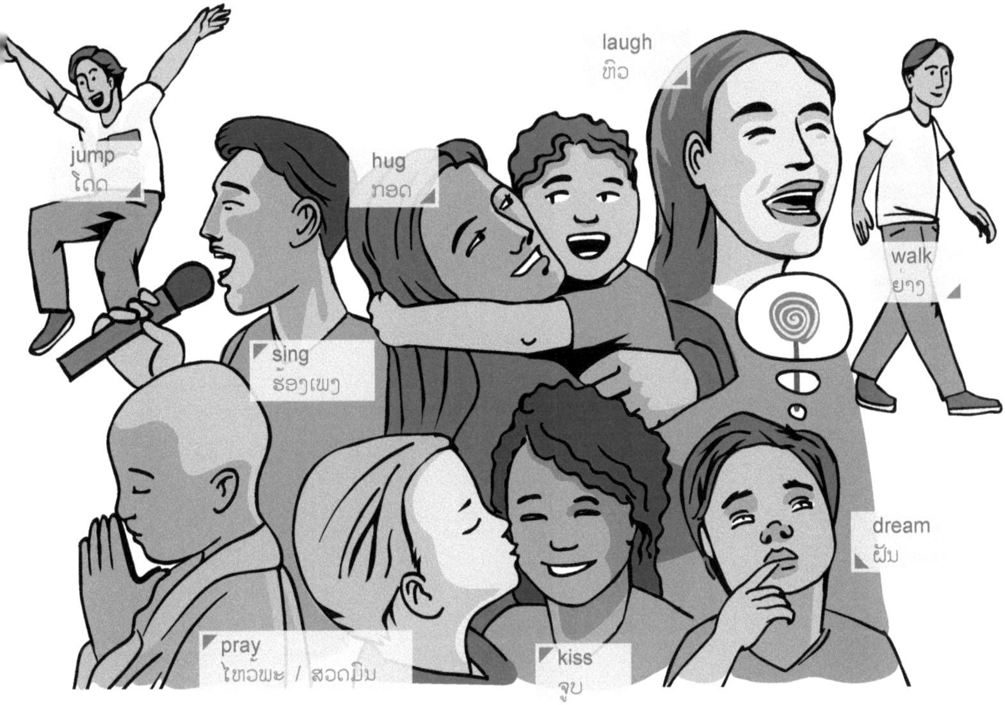

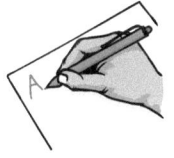

write

ຂຽນ

draw

ແຕ້ມ

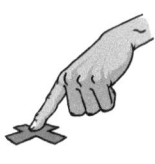

show

ສະແດງ

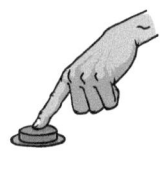

push

ຍູ້

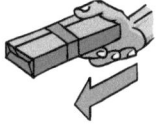

give

ໃຫ້

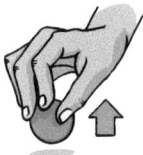

take

ເອົາໄປ

have

ມີ

do

ເຮັດ

be

ເປັນ

stand

ຢືນ

run

ແລ່ນ

pull

ດຶງ

throw

ໂຍນ

fall

ລົ້ມ

lie

ນອນຢຽດ

wait

ລໍຖ້າ

carry

ຖື

sit

ນັ່ງ

get dressed

ແຕ່ງຕົວ

sleep

ນອນຫຼັບ

wake up

ຕື່ນນອນ

activities - ກິດຈະກຳ

look at

ເບິ່ງ

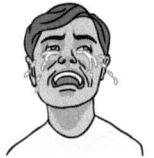

cry

ຮ້ອງໄຫ້

stroke

ລູບ

comb

ຫວີຜົມ

talk

ລົມ

understand

ເຂົ້າໃຈ

ask

ຖາມຖາມ

listen

ຟັງ

drink

ດື່ມ

eat

ກິນ

tidy up

ຈັດໃຫ້ເປັນລະບຽບ

love

ຮັກ

cook

ຖໍ່ກິນ

drive

ຮັບລົດ

fly

ບິນ

activities - ກິດຈະກຳ

sail

ແລ່ນເຮືອ

calculate

ຄິດໄລ່

read

ອ່ານ

learn

ຮຽນຮູ້

work

ເຮັດວຽກ

marry

ແຕ່ງງານ

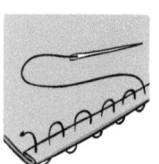

sew

ຫຍິບ

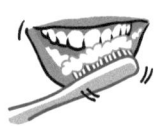

brush teeth

ແປງຟັນ

kill

ຂ້າ

smoke

ສູບຢາ

send

ສົ່ງ

family
ຄອບຄົວ

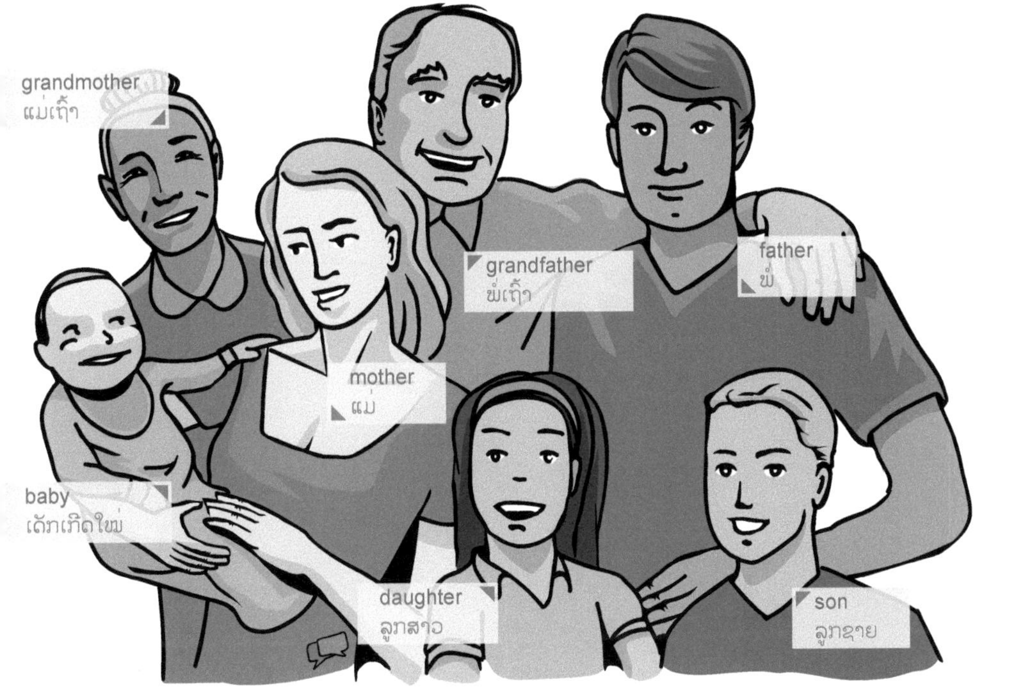
grandmother
ແມ່ເຖົ້າ
grandfather
ພໍ່ເຖົ້າ
father
ພໍ່
mother
ແມ່
baby
ເດັກເກີດໃໝ່
daughter
ລູກສາວ
son
ລູກຊາຍ

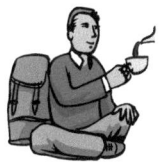

guest

ແຂກ

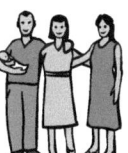

aunt

ປ້າ

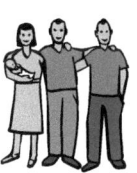

uncle

ລຸງ

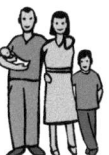

brother

ອ້າຍນ້ອງ

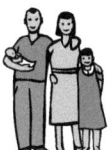

sister

ເອື້ອຍນ້ອງ

body

ຮ່າງກາຍ

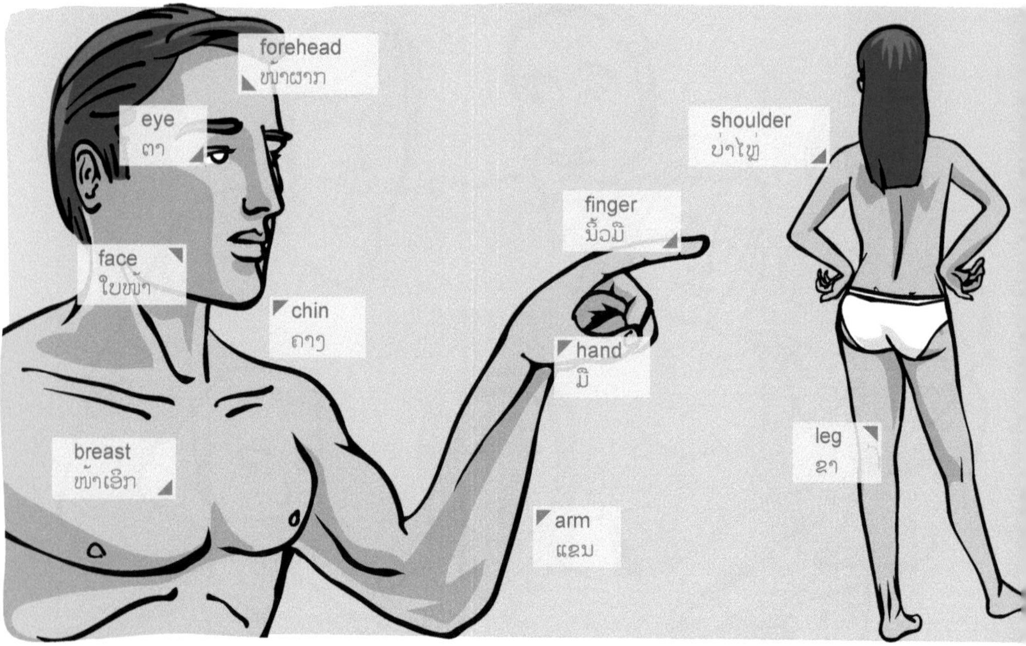

forehead
ໜ້າຜາກ

eye
ຕາ

shoulder
ບ່າໄຫຼ່

finger
ນິ້ວມື

face
ໃບໜ້າ

chin
ຄາງ

hand
ມື

breast
ໜ້າເອິກ

leg
ຂາ

arm
ແຂນ

baby
ເດັກເກີດໃໝ່

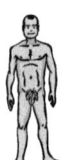

man
ຜູ້ຊາຍ

woman
ຜູ້ຍິງ

girl
ເດັກຍິງ

boy
ເດັກຊາຍ

head
ຫົວ

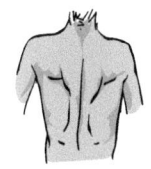

back

ຫຼັງ

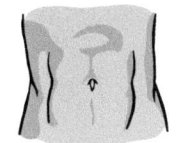

belly

ທ້ອງ

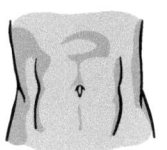

navel

ສະບື

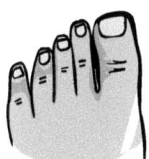

toe

ນິ້ວຕີນ

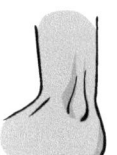

heel

ສົ້ນຕີນ

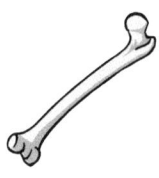

bone

ກະດູກ

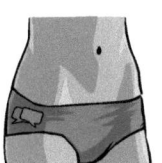

hip

ກະໂພກ

knee

ຫົວເຂົ່າ

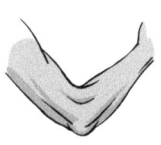

elbow

ແຂນສອກ

nose

ດັງ

buttocks

ກົ້ນ

skin

ຜິວໜັງ

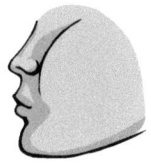

cheek

ແກ້ມ

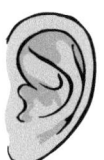

ear

ຫູ

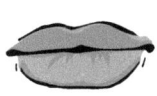

lip

ຮິມສົບ

mouth

ປາກ

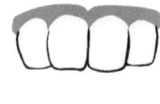

tooth

ແຂ້ວ

tongue

ລີ້ນ

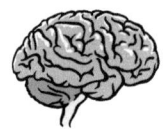

brain

ສະໝອງ

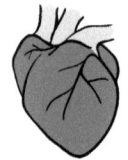

heart

ຫົວໃຈ

muscle

ກ້າມເນື້ອ

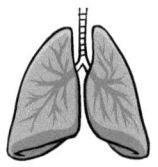

lung

ປອດ

liver

ຕັບ

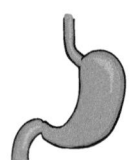

stomach

ກະເພາະ

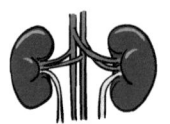

kidneys

ໄຕ

sex

ເພດສຳພັນ

condom

ຖົງຢາງອະນາໄມ

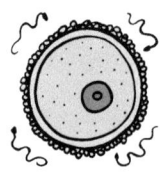

ovum

ເຊລສືບພັນ

semen

ນ້ຳອະສຸຈິ

pregnancy

ການຖືພາ

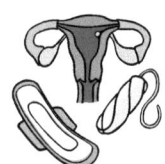

menstruation

ປະຈຳເດືອນ

vagina

ຊ່ອງຄອດ

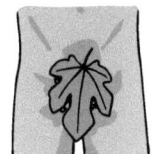

penis

ອະໄວຍະວະເພດຊາຍ

eyebrow

ຄິ້ວ

hair

ເສັ້ນຜົມ

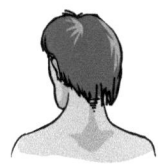

neck

ຄໍ

hospital
ໂຮງໝໍ

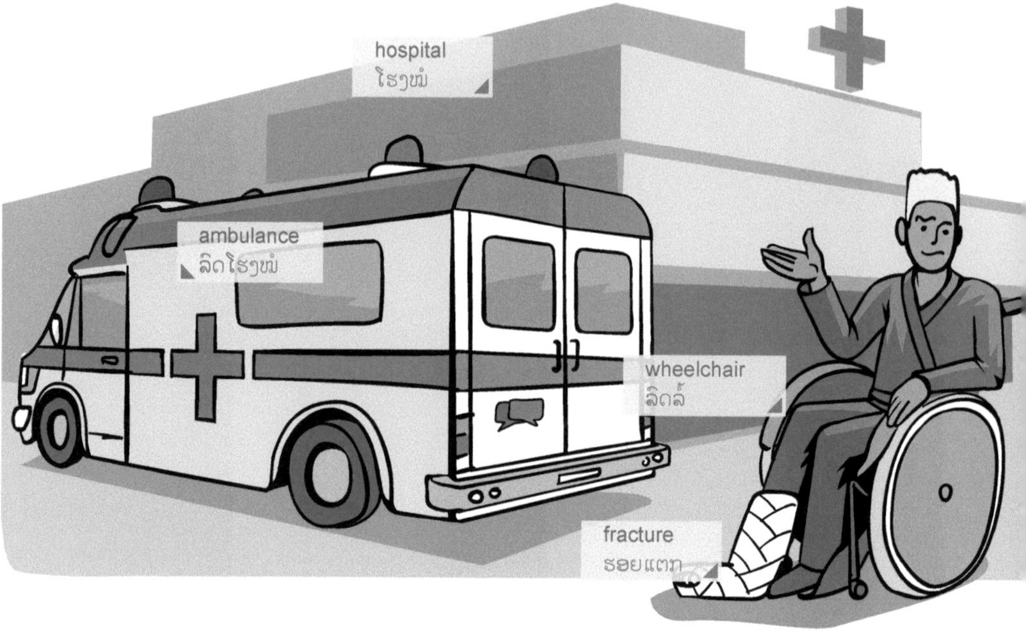

hospital
ໂຮງໝໍ
ambulance
ລົດໂຮງໝໍ
wheelchair
ລົດລໍ້
fracture
ຮອຍແຕກ

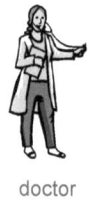

doctor

ທ່ານໝໍ

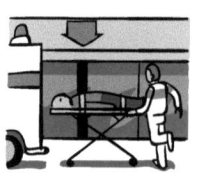

emergency room

ຫ້ອງສຸກເສີນ

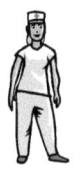

nurse

ພະຍາບານ

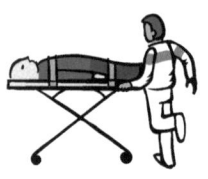

emergency

ສຸກເສີນ

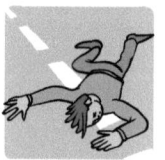

unconscious

ໝົດສະຕິ

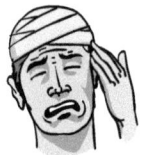

pain

ອາການເຈັບປວດ

injury

ການບາດເຈັບ

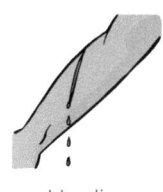

bleeding

ເລືອດໄຫຼ

heart attack

ຫົວໃຈວາຍ

stroke

ໂຣກຫຼອດເລືອດໃນສະໝອງ

allergy

ອາການແພ້

cough

ໄອ

fever

ໄຂ້

flu

ໄຂ້ຫວັດ

diarrhea

ຖອກທ້ອງ

headache

ເຈັບຫົວ

cancer

ໂຣກມະເລງ

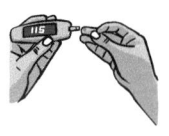

diabetes

ພະຍາດເບົາຫວານ

surgeon

ໝໍຜ່າຕັດ

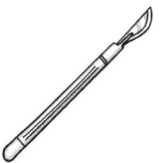

scalpel

ມີດຜ່າຕັດ

operation

ການຜ່າຕັດ

CT

ເຄື່ອງເອັກເຊເຣຄອມພິວເຕີ

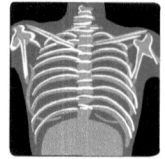

x-ray

ເອັກຊ໌-ເຣ

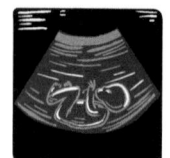

ultrasound

ອຸລຕຣາຊາວ (ultrasound)

face mask

ໜ້າກາກອະນາໄມ

disease

ພະຍາດ

waiting room

ຫ້ອງລໍຖ້າ

crutch

ໄມ້ຄ້ຳຂີ້ແຮ້

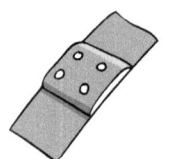

plaster

ຜ້າຢາງຕິດບາດ

bandage

ຜ້າພັນແຜ

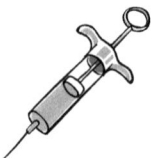

injection

ສັກຢາ

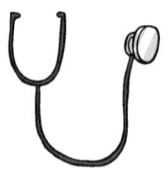

stethoscope

ເຄື່ອງຟັງປອດຫຼືຫົວໃຈ

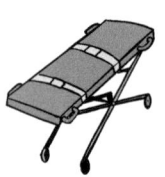

stretcher

ເປຫາມຄົນເຈັບ

clinical thermometer

ບາຫຼອດວັດໄຂ້

birth

ການເກີດ

overweight

ນ້ຳໜັກເກີນ

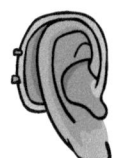

hearing aid

ເຄື່ອງຊ່ວຍຟັງ

disinfectant

ນ້ຳຢາຂ້າເຊື້ອ

infection

ການຕິດເຊື້ອ

virus

ເຊື້ອໄວຣັສ

HIV / AIDS

HIV / ເອດສ໌

medicine

ຢາ

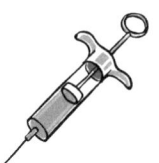

vaccination

ການສັກວັກຊິນ

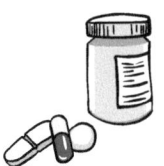

tablets

ຢາເມັດ

pill

ຢາເມັດ

emergency call

ໂທອອກສຸກເສີນ

blood pressure monitor

ເຄື່ອງວັດຄວາມດັນເລືອດ

ill / healthy

ໄຂ້ / ສຸຂະພາບດີ

Help!

ຊ່ວຍດ້ວຍ!

alarm

ສັນຍານເຕືອນໄພ

assault

ການທຳຮ້າຍຮ່າງກາຍ

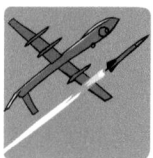

attack

ການໂຈມຕີ

danger

ອັນຕະລາຍ

emergency exit

ທາງອອກສຸກເສີນ

Fire!

ໄຟໄໝ້!

fire extinguisher

ບັ້ງດັບເພິງ

accident

ອຸປະຕິເຫດ

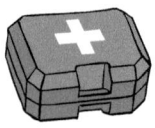

first-aid kit

ຊຸດປະຖົມພະຍາບານຂັ້ນຕົ້ນ

SOS

ສັນຍານຂໍຄວາມຊ່ວຍເຫຼືອ

police

ຕຳຫຼວດ

Europe

ເອີຣົບ

North America

ອາເມລິກາເໜືອ

South America

ອາເມລິກາໃຕ້

Africa

ອາຟຣິກາ

Asia

ເອເຊຍ

Australia

ອອສເຕຣເລຍ

Atlantic

ແອດແລນຕິກ

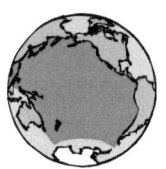

Pacific

ປາຊີຟິກ

Indian Ocean

ມະຫາສະໝຸດອິນເດຍ

Antarctic Ocean

ມະຫາສະໝຸດແອນຕາຣຕິກ

Arctic Ocean

ມະຫາສະໝຸດອາກຕິກ

North pole

ຂົ້ວໂລກເໜືອ

South pole

ຂົ້ວໂລກໃຕ້

Antarctica

ແອນຕາຣຕິກາ

earth

ໂລກ

land

ດິນ

sea

ທະເລ

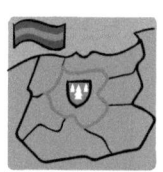

island

ເກາະ

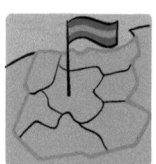

nation

ຊາດ / ປະເທດຊາດ

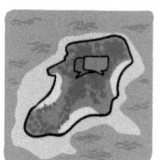

state

ລັດ

clock face

ໜ້າປັດໂມງ

hour hand

ເຂັມໂມງ

minute hand

ເຂັມນາທີ

second hand

ເຂັມວິນາທີ

What time is it?

ຈັກໂມງແລ້ວ?

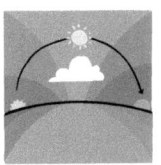

day

ວັນ

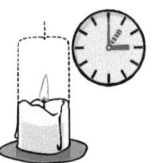

time

ເວລາ

now

ຕອນນີ້

digital watch

ໂມງດິຈິຕອລ

minute

ນາທີ

hour

ຊົ່ວໂມງ

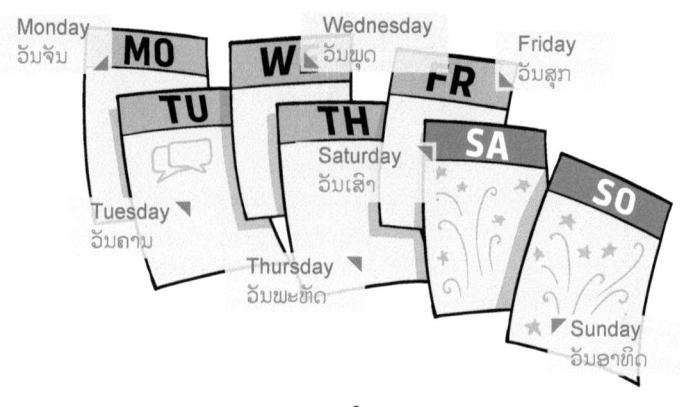

Monday ອັນຈັນ

Tuesday ອັນຄານ

Wednesday ອັນພຸດ

Thursday ອັນພະຫັດ

Friday ອັນສຸກ

Saturday ອັນເສົາ

Sunday ອັນອາທິດ

yesterday
ມື້ວານນີ້

today
ມື້ນີ້

tomorrow
ມື້ອື່ນ

morning
ຕອນເຊົ້າ

noon
ຕອນທ່ຽງ

evening
ຕອນແລງ

MO	TU	WE	TH	FR	SA	SU
1	2	3	4	5	6	7
8	9	10	11	12	13	14
15	16	17	18	19	20	21
22	23	24	25	26	27	28
29	30	31	1	2	3	4

workdays
ວັນເຮັດວຽກ

MO	TU	WE	TH	FR	SA	SU
1	2	3	4	5	6	7
8	9	10	11	12	13	14
15	16	17	18	19	20	21
22	23	24	25	26	27	28
29	30	31	1	2	3	4

weekend
ທ້າຍສັບປະດາ

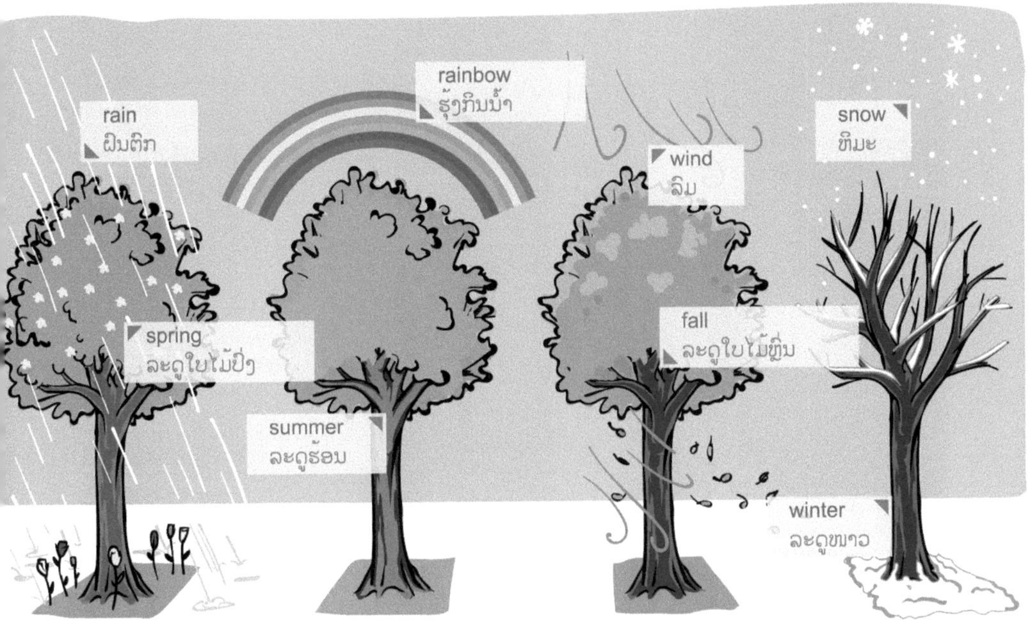

rain
ຝົນຕົກ
rainbow
ຮຸ້ງກິນນໍ້າ
wind
ລົມ
snow
ຫິມະ
spring
ລະດູໃບໄມ້ປົ່ງ
summer
ລະດູຮ້ອນ
fall
ລະດູໃບໄມ້ຫຼົ່ນ
winter
ລະດູໜາວ

4.APRIL 11°
5.APRIL 4°
6.APRIL 13°
7.APRIL 8°
8.APRIL 10°

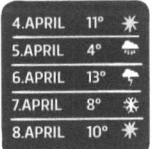

weather forecast
ການພະຍາກອນອາກາດ

F C
120 40
90 30
60 20
30 10
0 0
-30 -10
-20

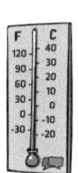

thermometer
ເຄື່ອງວັດອຸນຫະພູມ

sunshine
ແສງແດດ

cloud
ຂີ້ເຝື້ອ

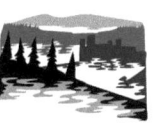

fog
ໝອກ

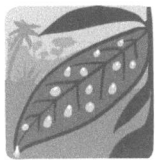

humidity
ຄວາມຊຸ່ມ

lightning

ສາຍຟ້າແມບ

thunder

ຟ້າຮ້ອງ

storm

ພະຍຸ

hail

ໝາກເຫັບ

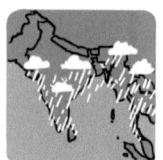

monsoon

ລົມມໍລະສຸມ

flood

ນ້ຳຖ້ວມ

ice

ນ້ຳກ້ອນ

January

ມັງກອນ

February

ກຸມພາ

March

ມີນາ

April

ເມສາ

May

ພຶດສະພາ

June

ມິຖຸນາ

July

ກໍລະກົດ

August

ສິງຫາ

September
ກັນຍາ

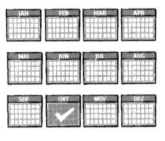

October
ຕຸລາ

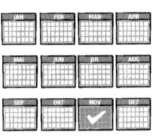

November
ພະຈິກ

December
ທັນວາ

circle
ວົງມົນ

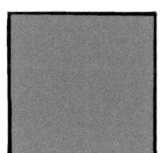

square
ສີ່ຫຼ່ຽມ

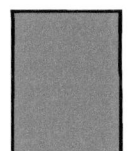

rectangle
ຮູບສີ່ຫຼ່ຽມມຸມສາກ

triangle
ສາມຫຼ່ຽມ

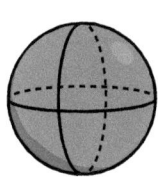

sphere
ໜ່ວຍກົມ

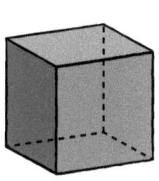

cube
ຮູບສີ່ຫຼ່ຽມມິນທົນ

white

ສີຂາວ

yellow

ສີເຫຼືອງ

orange

ສີສົ້ມ

pink

ສີບົວ

red

ສີແດງ

purple

ສີມ່ວງ

blue

ສີຟ້າ

green

ສີຂຽວ

brown

ສີນ້ຳຕານ

gray

ສີເທົາ

black

ສີດຳ

a lot / a little

ຫຼາຍ / ນ້ອຍ

angry / calm

ໃຈຮ້າຍ / ໃຈເຢັນ

beautiful / ugly

ງາມ / ຂີ້ຮ້າຍ

beginning / end

ການເລີ່ມຕົ້ນ / ການສິ້ນສຸດ

big / small

ໃຫຍ່ / ນ້ອຍ

bright / dark

ແຈ້ງ / ມືດ

brother / sister

ນ້ອງຊາຍຫຼືອ້າຍ /
ນ້ອງສາວຫຼືເອື້ອຍ

clean / dirty

ສະອາດ / ເປື້ອນ

complete / incomplete

ສຳເລັດ / ບໍ່ສຳເລັດ

day / night

ກາງວັນ / ກາງຄືນ

dead / alive

ຕາຍ / ມີຊີວິດ

wide / narrow

ກວ້າງ / ແຄບ

edible / inedible

ກິນໄດ້ / ກິນບໍ່ໄດ້

evil / kind

ຊົ່ວຮ້າຍ / ໃຈດີ

excited / bored

ຫນ້າຕື່ນເຕັ້ນ / ຫນ້າເບື່ອ

fat / thin

ອ້ວນ / ຈອຍ

first / last

ທຳອິດ / ສຸດທ້າຍ

friend / enemy

ເພື່ອນ / ສັດຕູ

full / empty

ເຕັມ / ວ່າງເປົ່າ

hard / soft

ແຂງ / ນຸ່ມ

heavy / light

ຫນັກ / ເບົາ

hunger / thirst

ຄວາມຫິວ / ຄວາມຫິວນ້ຳ

ill / healthy

ໄຂ້ / ສຸຂະພາບດີ

illegal / legal

ຜິດກົດຫມາຍ / ຖຶກກົດຫມາຍ

intelligent / stupid

ສະຫຼາດ / ໂງ່

left / right

ຊ້າຍ / ຂວາ

near / far

ໃກ້ / ໄກ

new / used
ໃໝ່ / ໃຊ້ແລ້ວ

nothing / something
ບໍ່ມີຫຍັງ / ບາງສິ່ງບາງຢ່າງ

old / young
ແກ່ / ໜຸ່ມ

on / off
ເປີດ / ປິດ

open / closed
ເປີດ / ປິດ

quiet / loud
ງຽບ / ດັງ

rich / poor
ຮັ່ງມີ / ຍາກຈົນ

right / wrong
ຖືກ / ຜິດ

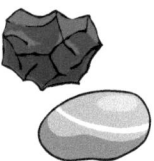

rough / smooth
ບໍ່ລຽບ / ລຽບ

sad / happy
ໂສກເສົ້າ / ດີໃຈ

short / long
ສັ້ນ / ຍາວ

slow / fast
ຊ້າ / ໄວ

wet / dry
ປຽກ / ແຫ້ງ

warm / cool
ອັບອຸ່ນ / ໜາວເຢັນ

war / peace
ສົງຄາມ / ສັນຕິພາບ

opposites - ກົງກັນຂ້າມ

0

zero

ສູນ

1

one

ໜຶ່ງ

2

two

ສອງ

3

three

ສາມ

4

four

ສີ່

5

five

ຫ້າ

6

six

ຫົກ

7

seven

ເຈັດ

8

eight

ແປດ

9

nine

ເກົ້າ

10

ten

ສິບ

11

eleven

ສິບເອັດ

12

twelve

ສິບສອງ

13

thirteen

ສິບສາມ

14

fourteen

ສິບສີ່

15

fifteen

ສິບຫ້າ

16

sixteen

ສິບຫົກ

17

seventeen

ສິບເຈັດ

18

eighteen

ສິບແປດ

19

nineteen

ສິບເກົ້າ

20

twenty

ຊາວ

100

hundred

ໜຶ່ງຮ້ອຍ

1.000

thousand

ໜຶ່ງພັນ

1.000.000

million

ໜຶ່ງລ້ານ

ພາສາ

English
ພາສາອັງກິດ

American English
ພາສາອັງກິດແບບອາເມລິກັນ

Chinese Mandarin
ພາສາຈີນແມນດາຣິນ

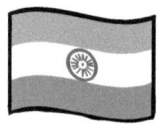

Hindi
ພາສາຮິນດິ

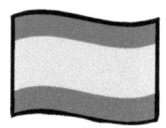

Spanish
ພາສາສະເປນ

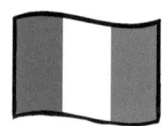

French
ພາສາຝຣັ່ງເສດ

Arabic
ພາສາອາຣັບ

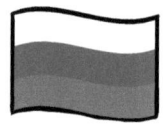

Russian
ພາສາຣັດເຊຍ

Portuguese
ພາສາປ້ອກຕຸຍການ

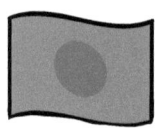

Bengali
ພາສາແບງກາອລ

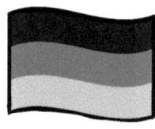

German
ພາສາເຍຍລະມັນ

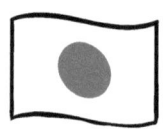

Japanese
ພາສາຍີ່ປຸ່ນ

I

ຂ້ອຍ

you

ເຈົ້າ

he / she / it

ລາວ (ຜູ້ຊາຍ) / ລາວ (ຜູ້ຍິງ) / ມັນ

we

ພວກເຮົາ

you

ພວກເຈົ້າ

they

ພວກເຂົາ

who?

ໃຜ?

what?

ແມ່ນຫຍັງ?

how?

ແນວໃດ?

where?

ຢູ່ໃສ?

when?

ເມື່ອໃດ?

name

ຊື່

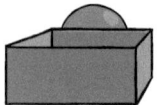

behind

ຢູ່ທາງຫັ້ວ

in

ໃນ

in front of

ຢູ່ທາງໜ້າ

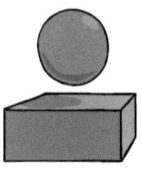

over

ເໜືອກວ່າ

on

ຢູ່ເທິງ

under

ຢູ່ກ້ອງ

beside

ທາງຂ້າງ

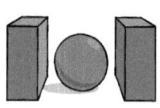

between

ຢູ່ລະຫວ່າງ

place

ສະຖານທີ່